医学生
成长与就业指导

主审◎杨 雷 阳世伟
主编◎杜宁超

中国人口出版社
China Population Publishing House
全国百佳出版单位

图书在版编目（CIP）数据

医学生成长与就业指导 / 杜宁超主编 . —北京：中国人口出版社，2024.3

ISBN 978-7-5101-9653-9

Ⅰ . ①医… Ⅱ . ①杜… Ⅲ . ①医学院校—大学生—职业选择 Ⅳ . ① G647.38

中国国家版本馆 CIP 数据核字（2024）第 006972 号

医学生成长与就业指导

YIXUESHENG CHENGZHANG YU JIUYE ZHIDAO

杜宁超 主编

责任编辑 江 舒
装帧设计 华兴嘉誉
责任印制 林 鑫 任伟英
出版发行 中国人口出版社
印 刷 北京朝阳印刷厂有限责任公司
开 本 880毫米 ×1230毫米 1/32
印 张 6.125
字 数 115 千字
版 次 2024 年 3 月第 1 版
印 次 2024 年 3 月第 1 次印刷
书 号 ISBN 978-7-5101-9653-9
定 价 48.00 元

电子信箱 rkcbs@126.com
总编室电话（010）83519392
发行部电话（010）83510481
传 真（010）83538190
地 址 北京市西城区广安门南街 80 号中加大厦
邮政编码 100054

编委会

主　审：杨　雷　深圳市第二人民医院（深圳大学第一附属医院）

阳世伟　深圳市第二人民医院（深圳大学第一附属医院）

主　编：杜宁超　深圳市第二人民医院（深圳大学第一附属医院）

副主编：李天煜　广东医科大学

梁靖华　深圳市中医肛肠医院（福田）

宋　丽　深圳市人民医院

刘秀卿　深圳市第二人民医院（深圳大学第一附属医院）

编　委（按姓氏拼音排序）：

鲍　一　河北医科大学第二医院

邓志钦　深圳市第二人民医院（深圳大学第一附属医院）

杜宁超　深圳市第二人民医院（深圳大学第一附属医院）

段艳玲　深圳市第三人民医院

李　扬　南方医科大学

李丹卉　深圳市第二人民医院（深圳大学第一附属医院）

李天煜　广东医科大学

李星彦　中国药科大学

李艳鹏　瑞典卡罗琳斯卡医学院

梁靖华　深圳市中医肛肠医院（福田）
梁世鹏　陕西省洛川县医院
廖木春　深圳市第二人民医院（深圳大学第一附属医院）
廖颖婴　深圳市中医院
刘秀卿　深圳市第二人民医院（深圳大学第一附属医院）
吕　浩　深圳市第二人民医院（深圳大学第一附属医院）
莫永泮　深圳市第二人民医院（深圳大学第一附属医院）
宋　丽　深圳市人民医院
孙　军　深圳市第二人民医院（深圳大学第一附属医院）
陶　然　深圳市第二人民医院（深圳大学第一附属医院）
王　莹　深圳市第二人民医院（深圳大学第一附属医院）
吴健雄　汕头大学医学院
吴丽玲　深圳市第二人民医院（深圳大学第一附属医院）
阳世伟　深圳市第二人民医院（深圳大学第一附属医院）
杨　雷　深圳市第二人民医院（深圳大学第一附属医院）
杨　玮　广东药科大学
赵　顺　河北医科大学
赵向东　深圳市中医院

序　言

教育是一个很大的话题，每个人在成长过程中都会接受教育。作为关乎患者生命和健康的医学生，更要接受良好的医学教育。成功是需要无数个有利因素的，而失败往往只需要一个因素。接受教育是成功的必备条件，尤其是医学生。医学生和年轻医生只有禁得住各种考验和磨砺，在各个阶段做好选择，才能在医学之路上走得更顺畅，完成从医学生到医生的身份转变，年轻医生也才能成长为合格的高年资医生。这些身份转换和改变，无论是对个人、患者、社会，还是对国家的健康教育事业，都至关重要！

《医学生成长与就业指导》从高考志愿填报谈起，涵盖了本科学习、见习实习、考研考博、医学规培、科研和临床、工作与家庭、医患关系、同事关系等内容，同时也包含检验、护理、中医等方面的内容，内容丰富，实用性强，是一本很好的医学生成长和就业参考书，也可为年轻医生的成长提供借鉴。他山之石，可以攻玉。仔细读读此书，各位读者可能会在迷茫时得到指导，困惑时得到帮助，可以少走很多弯路，避免在医学的道路上遭遇重大挫折。

本书是众多作者的心得体会、经验教训及感受感悟等的总结，值得医学生和青年医生读一读，可以为在医学道路上奋斗的年轻人提供一定的参考和帮助。预祝本书能获得医学生和青年医生的认可，对他们的医学成功之路有所助力！

智者天下，善者未来，是为序。

中国医学科学院肿瘤医院结直肠外科主任

2023 年 12 月

前言

为什么要写这本书呢？这种书也不是专业书籍，能有多大用呢？

一个偶然的机会，我看到我们医院发布通知说广州医科大学有个教学课题申报，内容是写一本关于教学和医学生成长的书籍，要求对医学生成长给出一定的帮助和指导。看到通知时我就想试试，毕竟自己也是在读书—工作—再读书—再工作的循环中成长起来的，比一路直接读到博士的学生要辛苦很多，但也收获了很多。也许我们很多人都没有什么背景，只有背影，也许我们读书和找工作得不到家庭或老师的帮助，但不要气馁，只要努力，普通人也终有机会可以和走捷径者站在同一平台，甚至比他们发展得更好，因为我们经历的苦难更多，韧性更强。所谓没有白读的书，也没有白走的路，就是这个道理。也许在某个时候、地方，我们走了弯路，浪费了时间，但请相信这些经历一定会在另一个时候、另一些事情上对你有所帮助。

在看到通知的第二天凌晨四点，不知道因为什么原因我睡不着了，我的脑海中已经在反复斟酌提纲怎么写，于是我干脆起床列出了提纲，以免过后又遗忘一些内容。列好提纲后，我就开始找领导、老师、朋友、同学、同事等感兴趣的同人一起写，随后召集大家开了启动会，分配了各自应写的章节和任务，就期待大家完成大作了。

本书很多编委都是有多年临床一线工作经验的医生、护士、检验人员等，具有丰富的临床工作经验。他们在百忙之中将自己的经验、体会、感谢等通过文字的形式保留下来，为我们的年轻医务工作者提供他山之石，让他们少走弯路。我还找参加过规培的医生基于切身体会来写章节，分享他们的想法和经验；找做过博士后、有多年科研经验的人员写了科研部分，以及既做过博士后又干过科研的人员写了临床与科研等部分；还找其他在读硕士、博士等，写了关于考研和博士在读期间的一些体会和学习方法等，希望能为不同医学专业的，处在不同人生阶段的医学生给予一定的帮助和指导。

No pains，no gains！不劳，无获！

编者

2023 年 12 月

目 录

1

第一章

高考后的选择

第一节　学医之浅谈

学医到底好不好？要不要自己或下一代学医？这是一个经常摆在我们面前的问题。但怎么看待学医呢？现在很多人对学医有些不同的看法，包括现实中和网络上，的确也影响了一些人对医生的看法和想法。作为即将上大学的学生，应该怎么认识学医这件事呢？

医学，是一门涵养面很广的学科，也是有很大人文成分的科学，同时还是需要不断实践才能掌握和发展的学科。医学生成长周期长、学习任务重、升学压力大，每一个优秀的医务工作者都要付出常人看不到和想不到的努力，才能成为一名救死扶伤的医者。这门学科的优点也有很多，对数学不是很强但记忆力好的同学来说，学习医学相对要比学习工科和理科有优势，可以发挥“背功”好的特长。当然医学也要靠理解，不能一味地死记硬背。同时学医可以为你提供良好的人际环境，毕竟很多人还是希望有一个学医的亲人和朋友的，方便他们咨询和就医。笔者也经常遇到长期不联系，联系就是咨询病情的朋友，但也还是会耐心解释。谁让我们从事这个专业呢？这也是我们能被人想起的其中一个原因吧。

学医不论是西医、中医，还是中西医结合，都要有长期“坐冷板凳”的思想准备，特别是考研考博的备考期间，身体和思想的压力大，有些人就在大浪淘沙中一点一点被淘汰了。同时，学医还要有到三十岁“一事无成”的准备。所谓的“一事无成”就是在这个年龄你的同学可能已经赚了大把钞票，买车买房、娶妻生子了，而你还只能上手术拉钩，搞科研养小鼠，甚至谈个女（男）朋友还要向父母伸手要钱，连自己都养活不了。其实这是每个职业、每个人的“花季”不同而已，有的在春天就“开花”了，而医学生可能在夏天才能“开花”。笔者刚本科毕业时也经常因为给同学结婚随礼而不得不到处借钱维持生计。现在想想，那也是一种不同的体验。

每一个行业都有其特殊性，也有其特点。目前来说，医疗行业也存在各种问题，但绝大多数从业者应该还是能获得职业荣誉感和满足感的，尤其是帮助他人之后的成就感。医学工作的稳定性和传承性，也是其魅力所在。我们经常能遇到有些学计算机、金融的朋友，跳槽频繁，工作不稳定，四十岁可能就会面临失业的风险，而四十岁对医务工作者，特别是外科医生来说，可能正是黄金年龄的起点，有点“百花开煞我花开”的味道。

学医的道路很漫长，需要有足够的耐心和毅力，需要不断地学习和成长。而作为医生，和别人的沟通也很重要。同样的事情，不同的医生与人沟通，会出现完全不同的结果。不论在什么时候，要学好医学，还要有较强的动手能力。现在不光外科需要动手能力，内科也越来越多地需要动手能力，如内科的内镜操作、穿刺操作、介入操作等，如果动手能力不强，或者有晕血晕针、色盲色弱等情况的，还是应该避开医学专业，免得以后学也不是，不学也不是，浪费自己的大好年华。

认识一个行业、一种职业，是需要进入这个行业后才有切身体会，才能真正知道自己合适不合适的。这有点像把鞋穿在脚上才知道适不适合自己的脚。但在穿鞋之前，我们可以详细地去了解一下这种鞋的尺码、材质、自己脚的特点等，才可能找到最合脚的鞋。

总之，人生路漫漫，选择适合自己的行业和职业很重要，有时选择大于努力。三百六十行，行行出状元。应结合自己的身体情况、性格特征、动手能力、沟通能力等，慎重选择。也欢迎未来的你进入医学行业，成为一名救死扶伤的医者或医学工作者，为人民健康和健康中国的发展战略贡献自己的力量！

（杜宁超　赵　顺）

第二节　学医前的性格分析

人上一百，形形色色，人的性格也是百人百面。那什么样的人适合学医呢？一般来说，高中毕业生的性格和三观还没有完全形成。这一阶段的学生完全是可塑的，像水一样。把他们放进什么样的容器，他们就会变成什么样子。所以，我认为大多数高中毕业生都可以学医（身体原因除外），他们的性格经过长时间打磨，都是可以胜任医学工作的。

心理学把人的气质一般划分为四种类型，即：胆汁质（不可遏制型）、多血质（活泼型）、黏液质（安静型）、抑郁质（弱型）。实际上，纯粹属于一种气质类型的人是不多的。大多数人往往兼具几种类型的气质特征，有的人也属于各类型兼具的中间类型。

这几类性格的人，要怎样去完善自己呢？主要属于“胆汁质”类型的人，在学医过程中一定要善于“坐冷板凳”，遇事要冷静，多想想自己的行为对不对；在学习中遇到困难要多请教，与他人沟通交流要注意方式方法；在情绪对立时，要“冷处理”，切忌盲目冲动。主要属于“多血质”类型的人，在学习工作中要防止出现懈怠和见异思迁的情况；要加强自制力，训练自己的稳定性和耐心；不要经常想着改变方向，以防自己半途而废。主要属于“黏液质”类型的人，不要怕别人的指责，要想想别人指责自己的原因是什么，是不是为了自己的进步？善于独处是这类人的特点，但也要学会与他人多交流，多听听别人的意见和建议，特别是一些正直公正的师长，可以找他们多交流。主要属于“抑郁质”类型的人，要学会放下面子；不要被一次两次的失败打倒，那样是脆弱的表现；家人和师长也要多体贴关心，避免当众指责或使用太强烈的语言和行为刺激他们，使他们丧失自信心，还要为他们创造展示自我的条件，并对他们的进步给予充分的肯定，给他们前进的勇气和信心。

学医是脑力劳动也是体力劳动，需要强壮的身体，特别是外科、急诊科、妇产科等科室，也需要强大的心理。很多场景，包括刚开始学医的解剖课，小动物实验等，都需要医学生过“心理关”。笔者记得有的同学就可以在解剖教研室门口吃面包、喝牛奶，这都是通过长时间的锻炼得来的能力。也有女同学在刚开始连个青蛙都不敢抓，最后青蛙、兔子、小鼠、大鼠等动物实验都不在话下。这都是战胜自我、克服心理难关给人带来的转变。

结合自己的性格特点，扬长避短，总能走出属于自己的路。无论什么行业，都会有关卡要过，都需要有战胜自我和困难。人生说长也长，说短也很短，除去长大和老去的时间，再除去吃饭、睡觉和生病的时间，真正能拿来做点事情的时间非常有限。所以，要从生理、心理上做好准备迎接成长。长风破浪会有时，直挂云帆济沧海。无论什么性格，我们都要努力改变自己的弱点，强化自己的优势，在学校学好基础知识，进入医疗单位后努力提高实践能力。

要坚信没有什么过不去的坎，坚持做都会成功。为了更优秀的自己，为了希望你更优秀的人不失望，一定要打破性格的束缚；不要沉迷于温柔乡，不要年纪轻轻就故步自封、夜郎自大，毕竟谦受益、满招损，谦虚谨慎的精神永远值得我们去学习并发扬光大。

（杜宁超　李　扬）

第三节　高考医学专业报考

高考绝对是每个家庭的大事，每年高考之际，国家、社会和家长的一切事情都要让道，可见高考的重要性。但高考后如何填报志愿又是一个棘手的问题。我们这里不谈如何填报高考志愿，只是简单谈谈医学相关志愿的报考。

如果高考后考生本人不太拒绝学医，还是可以尝试报考医学专业的。医学最近几年因为疫情影响而较热门，但学医的门槛也越来越高，加之国家最近几年开始实行的规范化培训制度，以及以后可能实行的专科医师培训，使培养一个医生的经济和时间成本都明显增加。所以，报考医学，不光要考虑学习情况，也要考虑家庭经济承受能力、父母的支持程度，以及考生对未来工作的认知。医学是一门“开花结果”比较晚的学科，所以报考之前要考虑清楚。

如果决定报考了，就要了解自己的成绩在本省高考水平中所处的位置，查询清楚理想院校每年在本省的招生情况，不要将最低线和最后一名作为赌注，来押宝一个学校的报考。应该将往年的平均分和平均位次作为参考，在考虑学校水平的基础上，根据自己的爱好和身体条件结合学科专业进行填报。填报志愿一定要慎重，可能每年报考情况有变化，但万变不离其宗。报考专业能结合自己的爱好当然是最好的，但我们也要考虑未来几年的就业、行业发展等问题。笔者就是在报考时因为考虑以后的就业问题，而自己的身体也没有色盲、色弱等问题，所以最终报考了医学专业。当时想着最起码找不到工作时可以自己开诊所，虽然现在看来这也是想当然的一种想法。

报考时，学校和专业出现冲突，我个人的建议遵循是“专业优先，学校次之，最后兴趣”的原则。因为再好的学校也有非常冷门的专业，对就业和深造都不是很好，所以单靠学校名气要想有好的就业是比较难的。笔者就遇见过本科和硕士毕业于著名的院校，毕业后不好就业而转专业深造的情况。所以用人单位在选择员工时，首先要看你能不能胜任本职工作，然后再考虑你毕业院校的名气等因素，所以专业的选择是第一位的。

高考的志愿填报问题很多，我们能做的就是根据自身实际情况和以往的录取情况做综合研判，不要轻易去搏最后一名录取的可能性。“十年寒窗无人问，一朝成名天下知”这是古代的事情。现代社会日新月异，科技发展速度惊人，不要指望一朝就能解决一辈子的问题。考上大学也只是人生的一个起点，所以不要抱着一劳永逸的心态去上大学。上大学其实并不比高中轻松多少，有很多知识需要学习，很多事情需要处理和平衡。大学是你走入社会的一个预演，要学会取舍和平衡。

在大学学到的知识和培养出来的素养，是你走向社会、开启职业生涯的巨大资本，不要浪费大学的时光。每当看到大学生在课堂睡觉、沉迷于网络等，我就觉得心痛，为他们感到可惜和无奈。也许你的高考成绩不理想，上的大学很一般，专业也很一般，但你只要不断地努力，就有可能改变现状。人生有多种可能，不要一败再败，放弃自我。笔者就是从很普通的高中，考入很普通的学校，再经历考研、考博，不断深造和进步的。这个说起来很轻松，坚持下去就没那么容易了，然而成功后你就会觉得所有的付出和坚持都是有价值和意义的。当你进入社会、工作和成家以后，要学习就不像在学校时那样没有牵绊了，各种事情会让你很难有完整的时间去学习。我本人就曾抱着小孩复习中级考试和考博。周末或下班时间，像鲁迅先生说的那样，用别人喝咖啡的时间去学习，是很辛苦和艰难的。

努力很重要，但有时选择大于努力。我们在面临选择时，特别是重要时刻的选择，应该慎重为之。像柳青说的，人生的道路虽然漫长，但关键处往往只有几步。高考和大学的学习，就是这几步。在大学学习的本领和知识，有可能是你一生的立命之本，所以我们一定要珍惜这段学习时光。青年学生应该充分利用自己没有太多牵绊的时间，抓住大好时光充电学习，让自己变得强大，为走上社会和工作岗位做好准备。

（杜宁超　宋　丽）

第四节　大学前的专业和非专业准备

被医学专业录取后，应该做哪些准备工作呢？

其实，在大学阶段，学生要学习的主要还是基础知识和专业知识，所以可以提前预习和了解一些专业或相关的非专业知识。医学应该是一门有温度且有人文气息的科学，所以在学医之前应该了解一些国内外医学发展的历史、经验教训，医学发展的各个阶段，如细菌的发现、青霉素的发明等。

我们在成为准医学生之前，最好要加强锻炼身体，提高自己的心理素质，因为医学的道路上可能会有很多意料之外的困难，需要有强健的体魄和强大的心理素质去克服。有些同学可能在成长过程中无法适应和克服这些困难，最终导致放弃。未来的医学道路还很长，我们需要有坚实的基础去支撑，面对困难不放弃。只要坚持住，就没有战胜不了的困难。

对于具体应该做哪些准备，我的建议有：

第一，学好英语，因为这是一个帮人通往更宽广的医学世界的工具。

英语对于医学来说还是非常重要的，一些文献、国际会议、最新前沿知识等，可能都需要用英语去了解和接触。加强自己英语的听说读写能力，对个人发展有很大裨益。现在有些高校还把硕士、博士毕业和发表 SCI 文章挂钩，所以 SCI 论文的写作就显得尤其重要。因此，提前了解和加强 SCI 论文写作训练也尤其重要。

第二，锻炼身体，强健体魄。

俗话说身体是革命的本钱，做什么事情都得有个好身体，学医更是如此。医学生上学时要学习的内容多、课本厚，需要记忆和消化的知识量大。所以，一个好身体是所有这一切的前提。医学生应该少睡懒觉，多早起运动，多做跑步等有氧运动，加强肌肉锻炼的同时，也要加强心肺功能锻炼。

第三，提前预习相关专业的基础知识。

提前学习相关专业，如解剖学、生理学、病理学、生物化学等基础知识，了解人体的构造和变化，可以让自己入学后有更轻松的学习体验，为尽快进入医学学习状态打下基础。如果没有条件，也可以通过网络学习相关知识。现在的网络课堂也能找到相关资源，但一定要选择正规的网络授课，不要被一些不专业的视频带入误区。

第四，提前了解相关的实验室安全知识。

进入大学后，很可能在大二、大三甚至大一就要进入实验室，学习相关实验内容。实验室是一个学习专业知识的好地方，但也有很多安全隐患。经常可以看到医学生被烧伤、烫伤和受到其他伤害的新闻报道，有些甚至造成终身的影响。所以提前了解实验室的危险所在，才能做到了解危险，不被危险所伤害。强酸强碱、水电、爆炸、切割和针刺等危险，一定要提前了解。现在很多大学在学生进实验室之前，要进行相关实验室安全教育。医学生一定要认真了解所在实验室的安全措施和可能存在的事故隐患，想好每一步的应对策略，避免发生事故，并熟知发生事故后的紧急处理。在实验室不要怕麻烦，一定要按照规章制度的要求，做好防护措施，如戴好手套、护目镜、帽子等，有时还需要穿好防护鞋。所以，不要图一时之便而不愿意做或忘记做必要的防护措施，否则出问题时就悔之晚矣。

第五，提前了解相关的实验技术。

入学前可以提前了解实验室相关实验技术，如苏木精－伊红染色法（HE），免疫组化、聚合酶链式反应（PCR）、免疫印迹实验（WB）等基础实验技术，有条件时最好能跟师兄师姐一起动手做一做，这样比看很多遍都管用。所谓“眼过千遍，不如手过一遍”。医学作为一个实践操作性很强的专业，需要不断加强动手能力，能动手时一定不要只看，千万不要眼高手低，那样很可能学不到真正的知识和技能，进入临床学习后更是这样。所以，一定要养成手勤的习惯，不要偷懒，不要怕麻烦，在注意安全的情况下一定要多动手。

第六，提前了解相关的细胞和动物实验知识。

要提前了解相关细胞和动物实验知识，学习养细胞的基础知识和操作。养细胞看似简单，但很多学生在养细胞时问题百出，最常见的问题是细胞活力不足、细胞污染、细胞生长缓慢等，也有冻存的细胞复苏后很难存活和生长异常等问题。要学会规范操作、避免污染，以及预防超净台紫外线、酒精灯等伤害。我也曾遇到过有同学在进行实验操作时一直开着紫外灯灼伤皮肤，以及打翻酒精灯引起失火的。不过现在大多数实验室的超净台内不放置酒精灯了，也可以避免一些事故。实验室的卫生打扫，有些学生只做做表面文章，打扫得不认真、不彻底，最终导致细胞污染，这有可能使得重要细胞损伤惨重。

（杜宁超　莫永泮）

第二章

本科

第一节　专业基础课的学习

关于医学专业基础课的学习，我相信每个过来人都有自己的想法和看法。医学专业基础课主要包括人体解剖学、组织胚胎学、生理学、病理学、病理生理学、生物化学、细胞生物学、分子生物学、医学微生物学、医学免疫学、病原生物学等。

解剖学包括系统解剖学和局部解剖学，二者从不同角度入看人体。系统解剖学是一个系统一个系统地学习，如呼吸系统、循环系统、消化系统、泌尿生殖系统、神经系统等，涉及全身；而局部解剖学是一个部位一个部位地去看这里所有的组织和系统，如骨骼、肌肉、神经、血管等。组织胚胎学是讲生命是如何来的，都经历了哪些阶段的发展，在显微镜下都是什么组织状态。生理学是讲正常的人体各个器官或系统的工作状态。病理学和病理生理学主要讲在疾病状态下，各个器官和系统可能出现的肉眼和镜下的病理状态，以及在病理状态下发生的变化。生物化学主要讲我们体内发生的一些神奇的变化，包括三大物质的转化和三羧酸循环等，如让我们了解葡萄糖是如何代谢产生能量并变成酮体等。医学微生物学和病原生物学顾名思义主要讲微生物的形态和特性以及导致的疾病等。医学免疫学主要讲身体是如何保护自己、清除异物等。

总之，医学基础课能让医学生认识人体的结构和奥秘，以及正常和异常情况下的状态与表现等。只有学好了这些基础课程，我们才能了解我们要面对的疾病，以及理解我们该如何诊断和治疗疾病，不至于遇到疾病时不知道为什么会这样，不知道疾病会如何发展变化等。如患者胆管阻塞，为什么会出现黄疸，为什么会排白陶土色大便等。

在这里我要特别强调的是诊断学的重要性。诊断学是专业基础课和临床课程的桥梁。将基础知识和临床疾病联系起来才能知道如何治疗疾病，以及疾病的转归和发展等。诊断学学不好，学得不够深入和扎实，可能就会出现基础学科和临床学科如内科学、外科学、妇产科学、儿科学等脱节的现象，脱节后可能会导致不能准确诊断患者疾病，甚至基础和治疗知识学得再好也容易出现找错“敌人”、误诊误治的现象，这不仅会损害患者的利益，也可能让自己陷入麻烦的境地。

学习解剖学时应该多去解剖室，多在标本（大体老师）上学习，有不明白之处再去看书或者请教老师。刚开始学习时可能有些蒙，特别是在第一次进解剖室时，有些同学会担心，甚至害怕。这需要一个心理建设和战胜自我的过程。标本接触得多了自然也就把重点放在了知识的学习上。一定要坚持下来！我读研究生时，学校为每六名同学提供一具标本，让大家进行从头到脚的解剖和学习，这是很难能可贵的。最终我们通过系统的解剖，反复的学习，对解剖知识都有了全面的掌握。我记得我们有同学在解剖学院做解剖前，还在吃面包、喝牛奶，没吃完放在旁边就开始解剖，做完解剖还能洗个手再接着吃。虽然大多数人做不到这样，但医学生一定要克服害怕的心理，逐渐适应。

学习其他基础学科，如生理学、生物化学等，要多去理解，不要死记硬背。有些同学死记硬背，开始可能分数比较高，但考完后很容易忘记。只有通过理解来记忆的东西，才能变成长期属于你的知识。生物化学的学习不但要记忆，更需要去理解和融会贯通，否则很难完全记住。病理学等科目的学习要多去看标本，要跟正常情况下人体的生理和解剖形态进行对比，才能更好地理解病理状态下的一些形态和变化。

所以基础学科就像一座大厦的根基，只有学好基础学科，才能为我们的临床工作打下坚实基础。学习基础学科，也没有捷径可走，需要通过预习、上课认真听讲、不懂就问、及时复习等，再通过每次的考试来检测自己的学习情况，并通过考试发现不足之处，尽快弥补。通过一点一滴的努力，才能把大量的、复杂的知识点梳理和学好，没有这个反复学习和认真总结的过程，要想学好基础学科是比较困难的。

（杜宁超　宋　丽）

第二节　专业课的学习

专业课对医学生来说，如树之根基，楼之钢筋。精学者未必成大才，但废学者必定为庸医。然而很多学生苦于专业课晦涩难懂，始终不得其形，更难得其髓，以至于越学越迷茫，甚至对今后从事的职业产生恐惧感。专业课的重要性，医学门外的学生小白们大都早有耳闻，然而知其重要性是一回事，如何将其学懂学透又是另外一回事。因此，小白们的当务之急是明白如何才能更快地入门以及更好地学好一门专业课。

首先，要树立学习的信心和目标，了解学习规律。

医学的专业知识浩瀚如烟，如果步未跨，心先怯，就更不要说深入学习了。所谓“生理生化必有一挂”，不过是努力不够成绩不好的自嘲之词。医学专业课的学习是有一定规律可循的。抱着必定啃下它的决心，并在之后的学习中不断巩固，是不可能学不好的。信心初建之后，还要明白学习的目标。读一本书，学习一门课程，要遵循这样的规律：先从薄到厚，再从厚到薄，然后又从薄到厚。如此循环往复，螺旋上升，每一次循环都能有所收获，每一次循环都有质的飞跃，最终达到学习的目的。医学书籍一般较厚，内容纷呈，因此在学习过程中，尤其要遵循这个规律。

具体来说，读一本书，要先熟悉这本书的大体内容，先将其目录从头到尾翻看一遍。通过翻看目录，就能大致知道这本书都有什么内容，哪些是需要我们重点掌握的，哪些是需要熟悉的，哪些只是需要了解的内容。通过对内容进行重要性分级，我们就能合理地安排自己的时间、精力，并且做好心理上的准备。

将正文内容逐步掌握，就是从薄到厚的过程。学习后及时总结归纳，便是从厚到薄的过程。最后回到目录，如果对着目录能把课本对应的内容复述出来，则又是从薄到厚。如此往复，可得其髓。

其次，课前预习是十分重要的一个环节。俗话说凡事预则立，不预则废。专业课一般都是晦涩难懂的，课前不预习，一节课下来你就不知道老师讲了什么，或者错过了重点内容的讲解。当我们有目的性地预习之后，上课前就可以知道哪些是我们已经懂了的，哪些是我们不懂的。对于不懂的内容，就需要在课上专心去听老师的讲解，做一些必要的笔记。上课的笔记不一定要工整无漏，而应追求在最短的时间内尽可能完整地记录要点，因此只要保证自己课后能看懂，能辅助复习即可。上课时间是非常宝贵的，要尽量利用好这段时间把重点内容掌握好，这一点十分重要。

再次，课后要及时复习。“温故而知新”。课后立即复习效果最好，莫让知识隔夜。当天最好把上课内容都复习一遍，能全部吸收最好，这是最理想的状态，不过一般是无法完全记住的，此时就体现了上课笔记的作用。在复习的时候结合笔记把课堂上老师讲的内容理解透，然后做一些必要的习题帮助巩固记忆，只要理解透了，即使记不住全部，以后复习时翻出来也是事半功倍的。如果遇到不懂的内容，还要学会去找参考资料。

能做到预习、听讲、复习这三点，就能保证每一节课都有收获。日积月累，到考试时复习起来各种知识点就能如数家珍，拿高分就不是不可企及的目标。

在大学课堂上，老师的讲课速度一般都是很快的，而且不像中学老师那样，把所有知识掰碎揉烂后灌给你。大学老师在课堂上都是把重点讲了，其他内容留给学生自学为主。经过小学、中学的学习，能考上大学的同学，学习能力一般都是不差的，老师对自己的学生有信心，各位自己也要对自己有信心！

从次，课上老师讲的都是重点内容，都是要掌握的，考试也可能会考到，以后也会用到，所以同学们上课的时候一定要认真听讲。

如果说预习、听讲、复习是学习的建筑主体的话，那课后与人交流就是装修美化，能让你的知识大厦更完善。最高效的交流方式是组建一个学习小组，课后一起学习，有不懂的一起交流，听听其他同学对这些内容的理解。这对我们掌握理解这节课上的内容会很有帮助。

同级同学可以和你进行思想碰撞，师兄师姐可以给你经验指导，所以我们还可以跟师兄师姐多交流，过来人的经验和教训可以让我们少走很多弯路。平时多跟他们沟通，有问题多开口请教。只要你有礼貌，多数师兄师姐是愿意交流指导的。他们经过反复学习—复习—考试，多少都有一些心得体会，所以跟他们交流对我们理解消化知识点是有帮助的。

还可以去找一些专业的书籍、网站甚至去检索相关文献来加深理解。不同的理解、思考，都像课堂上的老师一样，是将我们引向知识深处的良友，取精去粕后纳为己用，对我们的学习是大有裨益的。

最后，请务必要重视实践。知行合一，理论联系实际。理论在被实践验证前，是浮于空中的，只有通过见习、实习等实践过程，才能让我们所学的知识沉于脑海。理性的理论学习过程结合感性的实践经历，可以让我们对医学知识的理解达到更深的层次。

（李天煜）

第三节　本科见习和实习

时间总在我们尚未仔细去感知其流逝的时候就一点点地流走了。不知不觉间医学生们就迎来了本科学习生活的最后一个阶段。见习和实习作为医学生在成为医生这个过程中的一个衔接点，其重要性不言而喻。

对于见习的看法，我跟大多数人一样，我认为见习期间的基本要求还是多看多了解。我的见习生活是在匆忙间开始的。没有过多的准备，我结束在学校的最后一部分课程后便急急忙忙地收拾行李搬到见习生宿舍。刚开始时我总是感到新奇感满满，新的环境、新的课程安排，但很快就被枯燥感所代替。受限于实际条件，见习生通常都是成组同行，每天的见习课程也都是“掐着表”进行，久而久之就给了我一种错觉：见习不过是换个地方上课，无非就是大班变成小班。这正是见习的一个特点。带教老师对见习生的要求不过是学好当天的课程内容，并且了解实际操作与书本知识的不同之处，并不过多要求见习的同学参与临床的诊治工作。因此，见习生常常是众人眼中的“小透明”。在外人看来，见习的同学每天的任务就像是来科室“逛一圈”。见习的意义对刚入门的我们来说在于熟悉临床的环境，从每天的交班开始了解一天的工作是怎样的，从每天的课程当中了解书本上所说的这类疾病在实际病例中的体现，并且多争取机会练习在学校学到的各项技能。

知道了见习的意义以及见习的目标后我们又应该怎样面对见习这个过程？要做些什么才能在这期间收获更多呢？

在儿科见习的时候，有位老师说她带教的时候最喜欢的就是见习生，在她看来见习生临床思维尚未形成定式，可塑性强。这是见习生的特点，同时也是见习生的优势。见习是医学生试错成本最低的一个阶段，这个时期我们应该多去练习在学校学到的各项技能，尤其是问病史和体格检查是我们在见习期间应该多加练习的。刚开始经验不足、临床思维尚未养成，可能会出现问诊顺序混乱、查体重点缺失等问题，但每一次犯错积累下来的经验教训都可以成为我们进步的垫脚石。我们问诊之前可以将病史框架写在纸上，问的时候一点点往上补充，另外，问病史前尽量不要先看患者的初步诊断和相关检查，避免先入为主，在不断地练习和试错中逐渐将这个框架完全记住并形成自己的问诊思路，这样在见习结束时就可以脱离这些辅助采集一份合格的病史。这种进步的感觉是能够真切感受到的。而针对体格检查这个薄弱点，抄写大病历是一个提高的方法。大病历囊括了体格检查的方方面面，不断抄写对于记忆查体的各个要点有很大帮助。至于手法问题还是得靠多练，每天查房时跟紧带教，仔细看看他们查体的手法，而后可以多找些患者练练手。当然这得在沟通好的前提下，避免造成患者和家属的困扰。

关于见习可以说的地方还有很多，而每个人遇到的问题都不一样，更多时候我们可以选择跟带教老师以及师兄师姐沟通，了解过来人的学习方法和经验教训。

在见习之后，随之而来的就是实习，实习是医学生参与临床诊治的第一站，因此，对实习生的要求也比见习更严格。见习强调多看，实习则强调多做。实习的意义同样也在于让刚入门的医学生更进一步熟悉临床环境以及工作节奏，在不断的实践操作中提升专业知识。具体而言，实习期间的重点在于进一步学习特定疾病的诊断以及鉴别诊断；然后是多争取实际操作的机会，练习内、外、妇、儿科一些基本的诊疗操作及急救相关技能。

要实现这些目标，首先得适应实习生（准确来说是实习医生）的身份。不同于见习时一群人一起上课，实习的时候往往就只有一个人，此时实习医生对新科室的工作内容以及各种工作要求不熟悉，很多时候患者或者患者家属也会找你寻求一些帮助，而我们初来乍到，很多问题不知道怎么处理，多少显得有些尴尬。诸如这些都是我们适应实习医生身份的困难之处。面对这些问题，个人觉得到一个新科室第一步要认人，无论是自己的带教老师还是其他组的医生都要尽快熟悉，在遇到不能解决的事情时大可以寻求他们的帮助。而后要多问多看，了解科室的工作习惯和科室内部的一些规章制度，在干活的时候可以先学着其他人依葫芦画瓢。

除了上面提到的几点，实习期间我们还可以跟其他同学交流一下。每个人轮转过的科室不一样，同是实习生必定会有相同的处境，了解一下别人的做法也有助于自己的提升。每个科室轮转的时间有限，所以适应自己的身份仅仅是开始，更多的时间我们要花在实际操作上。

实习期间练好各项技能的关键在于提前准备。很多时候，适合我们练习操作的患者是可遇不可求的，在各个科室轮转的时间有限，所以碰到需要进行该项操作且合适的患者时我们要是连操作的基本知识都不熟悉的话就会白白浪费这些宝贵的机会。所以说在去每个科室轮转之前，除了要学习该专科的常见病外，还要提前把这个科室涉及的一些诊疗技能相关知识熟记于心。有的时候自己这组没有合适的患者，但是其他组恰好有，就体现出认人的重要性了。提前和其他组的医生搞好关系，他们也会愿意将这些操作机会交给你。另外，医院内部一般会有专门针对学生开放的技能中心，这也是一个重要的学习资源。尽管模型难以还原真人，但可以帮助我们熟悉流程。

再说说理论知识的学习。尽管我们应该对书本上的内容都有所掌握，但在不同阶段的学习重点有所不同。如果说见习期间重点在于进一步学习一些疾病的临床表现，那实习期间的学习重点则在于强化对疾病的诊断以及鉴别诊断。当来就诊的患者病情相对稳定的时候，带教老师常常会让我们先去了解病情。这个时候就体现出这部分知识的重要性了。熟悉该病的诊断及鉴别诊断的前提下我们才可以更合理、高效地采集病史和完成体格检查。要提高这方面的能力除了多看书外，还可以在完善病历文书方面下点功夫。大病历写到诊断及鉴别诊断的时候可以多想想，尽量写上两三个或者更多。每份病历都是我们练习的机会，长此以往对于我们开拓思路也有很大的帮助。

最后，再聊聊实习期间我们会遇到的另外一个问题：人际交往。严格来说，实习才是我们走出象牙塔的第一站。每天绝大部分的时间我们会待在科室里，这就涉及怎样与科室的其他人搞好关系这个问题了。在学校的时候周围都是同学，大家以同辈的身份相处不拘形式，但实习的时候科室里大多是我们的长辈，所以尊重要摆在第一位。平时要注意措辞，该严肃的时候严肃。上级医生讲话的时候尽量不要插嘴，需要我们补充的时候再补充，遇到蛮不讲理甚至可能因此产生纠纷的患者或家属时更是如此。对待这类人群尽量请上级与他们沟通，避免因为我们处理不当导致矛盾激化。医学人文除了体现在我们对患者的关心上，还体现在处理好医患之间的矛盾上。此外在自己空闲的时候也可以多给其他组帮帮忙，如换药、拆线等一些简单的事情。这除了可以提高我们的技术熟练度外，也能多在别人面前刷点“存在感”。混熟之后我们也能了解更多临床的知识或者其他人的经验。

除了上面提到或没提到的各种问题，在见习和实习期间我们还要面对考研、本科就业等其他重要的人生选择，如何处理好这几者之间的关系，这部分内容在后续章节会进一步阐述。

总的来说医学生见习和实习的时间不长，收获却不会少。这期间我们会遇到形形色色的人，碰到各种各样的难题，有些时候甚至会因此产生退却的心理。对此，一方面要学会自我调整，适时放松；另一方面也可以多和身边人沟通，暂时从不顺心的事情中解脱出来。我们需要时刻记住这段时光是我们难得的成长机会。时刻保持积极的心态才能够收获更多。

（吴健雄）

第四节　医学生向医生的转变

（一）

谈到医学生向医生或其他临床岗位的转变，想来有很多方面可以谈。在这里主要谈一下从医学院校毕业后走上临床工作岗位，需要注意和改变的一些方面。

不论你是本科、硕士或是博士毕业，从学校走上工作岗位，都需要一个适应和身份转变的过程。在这个过程中，可能会遇到技术上的困难，也可能遇到交流上、生活上的问题，甚至遇到一些和患者及其家属沟通的问题。技术方面的缺陷、别人的怀疑和不信任、沟通上的不顺畅等，可能会让你觉得挫败，有时甚至会因此失去自信，觉得自己不适合干这个行业。

那怎样才能更好更快地转变角色呢?

刚入职的年轻医生，由于对新环境不熟悉，对一些医疗操作不熟练等，可能会被上级医生埋怨，被护士催促和嘲讽。现实中也有鼓励支持新人的贵人。我们要懂得感恩，用实际行动去赢得别人的信任、尊重。而需要的实际行动就是在台下的苦练。所谓台上一分钟，台下十年功，这个道理也适合临床医学生。有些年轻的新入职医生，或者规培和实习医生，总觉得没有机会动手，没有机会做一些事情。为什么会这样呢？实际情况可能是你在台上连个原位结都打不到一起，电刀止血会烧灼到其他部位；松个钳子也会引起出血，剪线剪了半天也剪不断……这些都是需要靠平时台下的勤学苦练来避免，而不是在台上让你练习很多次，那样会带来很多意外状况，对患者的生命安全也是不负责任的。

因此，不论到什么时候，器械如何更新，观念如何变化，都需要医学生用勤学苦练、嘴勤、腿勤来获得成长。只有尽可能多花时间泡在科室，尽可能多接触患者，才可能学会如何和患者交流、相处，满足患者的正常诉求。还应适度拒绝患者或家属的要求，不能一味地去妥协或满足患者的所有要求，否则最终可能患者或家属还是不满意，甚至对你进行投诉。要学会和患者沟通，有问题及时向上级医生反映，寻求其帮助，争取把问题解决在萌芽状态。

医学生向医生的转变，有些人可能转变得比较快，有些人可能转变得比较慢。这和自己的基础、经历及锻炼有关。有些学生实习和规培时来得晚、走得早，小活不愿意干，大的又干不了，不能获得上级医生的信任，上级医生也不敢放手让他去做一些事情。结果只能是实习或规培时人浮于事、蜻蜓点水，到头来一无所获，自己走上工作岗位时，一时难以适应，甚至出现比较严重的问题。

总之，医学是一项严谨的、需要脚踏实地的工作，来不得任何虚假和糊弄。否则，到头来只能伤害自己，伤害患者。有时由于条件等各方面限制，即使转变过程有些困难，也要坚持面对困难，想办法解决困难，不要遇到困难就躲避，选择当时最好走的路，那样可能以后的路就会越来越难走。笔者也曾遇到过很多这样的例子。所以，建议大家在工作和学习中遇到困难，不要逃避，要勇敢面对，必要时寻求帮助，不要钻牛角尖，最后才能做出成绩。

（杜宁超）

（二）

“健康所系，性命相托”。患者把他们的健康乃至于生命都交到我们手上，所以为他们负责，是我们每个医务工作者神圣的职责和义务。

中国外科鼻祖裘法祖院士说过："才不近仙者不可为医，德不近佛者不可为医。"

那么，医学生经历哪些历练和磨难才能成为一名好医生呢？

在大学求学阶段，医学生对所有专业方向的认识基本都是白纸一张，此时可塑性最强，并且也容易受个人喜好影响。医学生都会面临选择专业的那一刻，多数情况下一旦选择往往就选择了一辈子的事业，并且，由于医学专业需要沉淀和积累才能逐渐达到顶峰，所以不建议频繁或多次改变专业。很多人并不清楚自己适合什么专业，却要面临职业生涯中最重要的选择，这无疑是一次痛苦的决定。如果选得不好，可能导致职业倦怠，命途多舛，甚至有些同学也因此脱下了白大褂，不再从事医学相关的职业了。

可能有人觉得，选专业有啥难的，选自己感兴趣的就行了。实在没有喜欢的，男生选外科，女生选内科，喜欢孩子的选儿科，想轻松点的选辅助科室，如影像、检验等。

但是，事实并非如此简单。清朝名臣曾国藩说过："利久之事勿为，众争之地勿往。"大概意思就是：大家都觉得好的地方千万不能去。

都说外科好。外科医生不拖泥带水，通过手术解决问题，效果立竿见影。假如每年最优秀的毕业生都选择外科，就算你能确保自己是年级第一，也很难保证你是前后 5 年毕业生中的翘楚。也许你真的骨骼惊奇、天赋异禀、舍你其谁，但也还有论资排辈这道"天堑"等着你，你可能永远排在远不如你的师兄师姐的后面。

专业一旦选定了，就要坚定不移地沿着这条路走下去。到了住院医生和主治医生的阶段，就是一条两难的路。为什么这么说呢？因为这个阶段，很多事都身不由己。这种感觉就像去坐飞机，一路上只有别人决定让你怎么做，而你唯一能做决定的就是自己在路途中喝什么饮料。

可能有人觉得，下级医生只要放低姿态，凡事多请示汇报，把自己当一颗螺丝钉，勤勤恳恳地干活儿就行了。

不做决定就不承担责任，无责一生轻，也挺好。只是，有时候现实往往不像想象中的那么尽如人意。工作中会遇到很多意想不到的事。

好不容易熬到了副主任医师、主任医师，这时候当医生已经至少 10 年，还不包括 7 ～ 10 年的医学生阶段，算起来基本上熬了快 20 年。青春已经不在，但还需要继续吃苦。

无论什么时代，我都觉得年轻人吃点苦是应该的，苦尽才能甘来。在所有的职业中，医生这个职业还是相对公平的，基本上所有的医生都会经历前面的这些痛苦，所以能最后成为合格医生的人，大概率不会是好逸恶劳或者贪图享受的人。

在成为一名正式的医生之前，也就是从医学生到医生的转变过程中，必然要经过两年的实践，即一年见习，一年实习，然而这也只是摸到了入行的门槛，后面还有 3 年的住院医师规范化培训及 3 ～ 5 年的专科医师培训。所幸，这些医学实践，都是有章可循的。

首先是记笔记。俗话说得好，“好记性不如烂笔头”。在见习实习阶段，白大褂口袋里一定要有一支笔和一个笔记本。跟随带教老师学习时，必定会遇到当时自己学习时没有理解透彻的地方，这些很可能是以后的从医生涯中不会再有人给你指出来的，值得随时随地写在笔记本上。

其次是贴化验单。我在带见习、实习生过程中，发现有这样一些医学生，口头禅是“我是来学当医生的，不是来贴化验单的”，觉得贴化验单辱没了才能。他们不知道的是，诸如贴化验单等在你看来是小事的事，本身就是医生工作的一部分（请先别反驳，耐心看完）。

况且，贴化验单不仅是体力劳动，更是脑力劳动，是由医学生进阶为医生的一个必不可少的环节。每天下午检验科送化验单回来，你把它们按床号分好，一张一张贴到病历本上，一边贴，一边看，哪项正常，哪项高了，哪项低了，分别有什么意义，不懂就查书。你会发现，一次化验单贴下来，竟然学到或复习巩固了不少知识。这是明吃亏暗得益啊！同时，帮其他医生贴化验单还收获了人情，何乐不为？

你可以举出很多例子证明很多大医院或者国外的医院已经全部电子化、智能化了，用手机平板也可以浏览检查结果，不用自己打印报告单，更不用手动贴化验单了。这些都没错，不过前提是，你的业务水平得达到那个层次，然后进入你所提到的这些医院才能有施展才华的空间。

最后，无论多忙，一定要重视临床学习的时间投入。

临床课程是一个理论性和实践性很强的课程，必须专心致志，容不得三心二意、身在曹营心在汉。在临床见习、实习的过程中，要学习的东西实在太多，因此足够的时间投入是必需的。学习是首要任务，其他事除必须办的可先置于一旁。

（李天煜）

第五节　本科就业与读研

医学生经过五年的本科学习后，会面临就业或读研的问题。本科毕业该如何选择？有些学生可能早在毕业前两三年就开始按自己的计划进行考研准备，为考研或保送研究生打基础了。而有些学生，特别是普通医学院校的学生，如果不早早规划，临时抱佛脚就比较麻烦了。

本科毕业是人生面临重大选择的时刻。有些时候选择大于努力，当然不是说努力不重要，其实努力是人生和事业走向胜利的必要条件，但选择往往让你的努力更容易看到结果。所以应该针对自己的特长和性格特点等，寻找自己的长处，及早进行选择，向自己计划的方向努力。

先谈谈就业。二三十年前的本科一毕业，大多数专业的学生就可以闯荡社会了。因为那时全民接受高等教育的比例明显偏低，本科大学生数量较少，所以本科学历已经比较高了，很多人毕业就走向工作岗位，很快就能撑起一片天，甚至成为岗位能手或中流砥柱。然而到了今天，有些医学专业本科毕业能找到一份差不多的工作，而很多专业可能就找不到一份满意的工作甚至找不到工作，诸如临床、口腔、基础医学等。所以要提前了解自己的专业特征以及自己的特长和兴趣爱好，提前在大二、大三时就开始做规划。如果要本科毕业后就业，那就多学习一些跟工作有关的内容，如实习时多动手实践、如何和患者沟通、和上级与同事相处、提高团队合作能力等。

再谈谈读研。有些同学可能选择在国内读研，有些可能有机会去国外读研，都是很好的深造途径。凡事预则立，不预则废。不论什么事都要提前计划，考研也不例外。

考研英语应该提前两年就有针对性地进行学习和训练，提前背熟考研核心词汇，适度扩大词汇量范围，熟悉词的冷僻意思。多练习听力，反复听，没事时走路吃饭都可以听，并加听考研真题听力，练习时尽量听语速比考研听力快一点的听力练习，考试时就不会觉得听得吃力。阅读理解也要多做题，多熟悉长难句的结构，搞清楚长难句结构，避免出现单词都认识，放在一起不明白整句话的意思的情况出现。写作也要经常练练笔，否则可能临场发挥时写起字来都生疏，也就很难写出比较好的作文了。考前三四个月开始找最近 10 年的真题来做，寻找真实的考研英语的感觉。

考研政治应该提前一年左右开始复习，把各科的基本概念和框架搞清楚，特别是政治经济学，学习起来有些概念可能会有点晦涩难懂，但要多理解和反复思考，基本都能搞明白，实在不明白就向同学和老师求教，一定要把最基本的概念搞清楚。也可以向其他考研成功者咨询，并认真做往年的真题。另外，考前做一些机构的预测题，有时也可能有意想不到的收获。

医学考研专业课的复习经验纷繁复杂，但不论何种复习经验，都要先打好基础课的学习基础。如专业基础的学习，如果基本概念搞不明白，学到后面内、外、妇、儿、神经、精神科等的时候就会比较麻烦，有可能出现混乱或不明所以然的情况。针对考研考试，还是要有针对性地做一些习题，记忆各种基础知识和概念，要达到举一反三，熟能生巧的程度。生理、生化等学科，有些概念不易理解，要不厌其烦地去思考琢磨这些概念。内、外、妇、儿科专业知识要在理解的基础上去记忆。不要死记硬背，不要只着眼于考试。在理解基础上的记忆也可以应付考试，虽然有可能有时分数不如死记硬背高，但对以后的工作大有裨益。学好诊断学要反复背诵相关分类及标准等，并将基础知识和内、外、妇、儿科等专业知识融会贯通，通过诊断知识将基础和临床联系起来，做到“知道是什么，为什么会这样，怎么解决”。

总之，考研的复习是一个大工程，不可能一蹴而就，所以还是要提前谋划，认真复习，长期坚持，争取做大浪淘沙留下的金子。考研复习和考试，也会锻炼一个人的性格和耐力、毅力、体力等，让你在今后的工作生活中遇到所谓的苦难都能轻松战胜，让你变成一个更加坚强、成熟、坚毅的人。

（杜宁超　宋　丽）

3 第三章 考研

第一节　医学生考研是必要的

医学生的成长是一个漫长的过程，不论是你一步到位拿到博士学历，还是本科毕业后再考研、考博，坚持提升学历都是非常重要的。医学道路漫长且需要长期的学习提升，如果不学习，两三年你就被同行落下了，五年八年不学习，你就会有恍如隔世的感觉！所以不断学习、提高学历，是一个成熟医生的必由之路。没有一个较高的学历，没有经过科学严谨的临床科研思维训练，很难成为一名医学大家或者名医。所以，在跨进医学这个门槛后，一定要根据自身经济实力、性格特点等早做打算。如果实在有困难，可以先就业，只要希望的火种不灭，就一定能继续前进，工作后再继续提升学历和能力。

目前考研、考博改革力度比较大，以前都是通过考试（包括笔试和面试）来选拔，现在很多院校都改成申请审核制了。

先谈谈考试选拔。这个复习考研的过程一般比较漫长，可能是半年、一年甚至更长时间，对参与者的身心都是一种巨大考验。笔者就曾经历过这些，每天除了六个小时的睡觉时间，其他时间都在看书复习。复习过程会淘汰一批人，考前又有一批人放弃，考一两门后又有一批人弃考，能真正坚持到考完最后一门的，都是胜利者。

目前的申请审核制下，导师的权限很大，可以收自己的学生或在本课题组实习过的本科生。学生上手快，导师对学生比较了解，学生长期做一个课题方向容易出成果等，这是学生、导师、学校三方都希望看到的结果。但是也可能出现近亲繁殖、任人唯亲等问题。

总之，医学路漫漫其修远兮，吾辈需要上下求索，不断深造才可能有所成就，为他人、为国家做点力所能及的工作。

（杜宁超　段艳玲　陶　然）

第二节　考研与就业

大学时光，转瞬即逝。临近毕业，同学们就得考虑毕业的出路和未来发展的问题。一方面社会需要我们年轻人做出应有的贡献。另一方面，作为独立的个体，大学毕业生对自身应该承担的社会责任、家庭义务也有了一定认知。那么，就职业发展和人生规划而言，考研和就业到底对自己的人生意味着什么？自己又要为梦想付出多少？

二十岁出头的大学生，本科刚毕业，大多数都很茫然。大家面临很多挑战，包括但不限于适应社会、就业与求职、工作经验积累、求职期的不可预判性、期望与现实存在的差距等。虽然大家都已成年，但对社会及自我的认知仍有局限性，有时候不得不花成本去试错。考研和就业到底应该如何选择？回答这个问题之前，首先大家得明确自己的人生目标，是满足物质需要，让家人衣食无忧？还是做医生救死扶伤？抑或是成为一名桃李满天下的教师？在行业高度专业化的今天，想获得职业上的成功，都得付出更多的时间、精力去沉淀和积累。

我们国家每年从医学院走出来的毕业生接近 100 万人，只有 3 万人左右成为医生，大部分选择了转行，甚至有一部分人没有进入医疗卫生行业。医学专业中，临床医学专业毕业生人数占 30% 左右，其次为护理学专业毕业生近 25%。此外，还有基础医学、检验医学、口腔医学、公共卫生与预防医学、药学类、中医学、中药学、中西医结合、法医学和医学技术类等专业的毕业生。每个学科对应的工作内容和执业要求都有差异。在我国，医生的准入门槛在不断提高，医学的进展更是日新月异。想成为有资历的医生，需要更多的积累，不仅得持续提升自己，进行各种资格考试，还得面对职业回报相对滞后等问题。基于此，医学类毕业生的选择也呈现多样性，值得借鉴。下面，先了解一些真实案例。

案例一：李同学，普通临床医学类本科，按部就班考取本校硕士研究生，因学校缺少相应的博士点，硕士毕业后选择就业。通过对自己能力（学习成绩及抗压能力）、家庭环境及就业环境的评估，选择了某地级市某二甲医院。

案例二：张同学，在知名医学院临床专业的学习过程中，发现自己对医疗卫生行业不感兴趣，毕业后选择跨专业考研。研究生期间，接触到教育培训行业，并做到金牌讲师，硕士毕业后进入高中任教。

案例三：王同学，211 院校药学类毕业生，在外企工作 2 年后考取名校研究生，硕博连读后，进入一家研究所工作。王同学本科成绩优秀，外语能力突出，社会活动广泛，本科毕业时获得保送研究生资格，但是她出于接触社会及经济独立的考虑，放弃保研，选择了就业。

案例四：许同学，知名大学医学院临床医学本科毕业，立志为临床医学事业奋斗终生。本科时，许同学努力学习，成绩优秀，保送至本校临床医学专业获硕士学位。博士研究生期间，被选送国外知名医学院联合培养，毕业后，进入母校附属医院相关科室工作。

从以上案例可以看出，成长总是伴随着各种各样的选择，医学生也一样，尤其是二十岁左右年轻人拥有太多的可能性。一般情况下，智力、情感、兴趣爱好、能力范围甚至家庭环境等，都会影响关键时刻的个人选择。在职业发展方面，医学本科生想要成为一名主治医师，有很长的路要走。在资质方面，医学生本科毕业后，得完成2014年启动实施的住院医师规范化培训（简称“规培”）。规培制度包括医疗道德作风、临床实践技能、专业理论知识、人际沟通交流、医疗政策法规等内容。除了“5+3”的主要模式，7年制、8年制等长学制（含研究生阶段）医学类专业毕业生，可酌减或维持住院医师培训年限。非临床医学专业的医学本科毕业生，也得经历类似的成长过程。在整个医疗卫生系统中，所有从业者都得遵守严格的从业要求，药剂师、检验师、病理医师等，也需要进行相应的执业及职称考试。

另外，在读学位的过程中，不仅可以在老师的指导下积累知识和技能，大家还能和一群志同道合的小伙伴共同成长，这都是宝贵的人生财富。对部分人生规划尚不明确的同学来说，读研也可以起到“缓冲”的作用，有利于他们之后做出更适合自己的人生选择。

医学学习和执业的过程，是没有尽头的。无论选择就业还是考研，医学本科生都得做好“持久战”的准备。心怀大爱，有时去治愈，常常去帮助，总是去安慰。坚持不懈，努力学习，大家都能为自己的人生画上浓墨淡彩的一笔，迎来属于自己的高光时刻。

（杨　玮）

第三节　院校选择、初试、复试及调剂

现在越来越多的本科毕业生选择考研继续深造。教育部公布的数据显示，2022 年全国硕士研究生考试报考人数为 457 万人，2021 年 422 万人，2020 年 341 万人。尽管考研录取人数在增加，但录取率却维持在 30% 上下，未有明显变化。考研是一项选拔性考试。既然选择了考研，对国内考研过程的各个环节做到心中有数，才能有的放矢，事半功倍。

研究生招生考试与本科存在很大差别。硕士研究生招生考试有初试和复试两次考试，初试时间安排在每年 12 月下旬，一般在 12 月 22 日至 24 日。复试时间一般会安排在次年 3 月至 4 月进行，全部复试工作一般会在录取当年的 4 月底前完成。与高考不同的是，考研是统一命题和自主命题相结合，大多数院校是政治、英语两门专业课。在经过 4 ～ 5 年的专业学习后，研究生招生过程更体现考生的主动性、专业能力及独立性。考研首先要符合国家标准，其次按照程序与学校联系、先期准备、报名、初试、调剂、复试、复试调剂、录取。下文将就考研重要环节的注意事项做一下介绍。

一、院校选择及报名

每年 7 ～ 9 月，高校会发布下一年度的研究生招生简章及

招生目录。传统医科院校的调整变动不大，如报考资格及招生专业等。但是近年来随着高校医疗卫生专业的加设，招生人数的变动不得不引起重视。此外，有些高校新近增设的医学专业研究生也是不错的选择。但是随着考研竞争的日趋激烈，选择一个适合自己的高校及专业就显得极为重要。

案例一：李同学，普通本科药学专业，跨校报考知名高校研究生，因对方院校专业课自主命题，初试成绩不佳，调剂不够国家分数线，止步初试。

案例二：黄同学，普通本科临床医学专业，报考一线城市知名高校内科学研究生，初试、复试发挥正常，因对方院校内科学统招名额过少，不得不调剂到基础医学专业。

案例三：张同学，独立院校本科考生，同城跨校考研。为了力争录取，第一志愿选择报考普通本科二本院校，上线后，被录取到心仪的专业。

从上述案例可以看出，在报考前，根据自己的能力，认真了解心仪院校的招生计划及往年的命题模式，是非常必要的。在此基础上，根据自己的情况，适当调整报考志愿，有助于被心仪的院校录取。

二、初试

医学类考研，大部分是全国统考，少数专业的专业课可以是自主命题。每年 7 月公布的招生简章和招生目录中对考试科目都会做详细规定。慎重选择学校后可参照当年的考试大纲进行复习。公共科目中，政治科目的变动很小，有需要的考生，可在最后冲刺阶段通过辅导班提升成绩。英语科目，建议打好基础，决定考研后有针对性地做考研英语真题，扩充相关词汇量。如果能在本科阶段通过国家英语六级、雅思等英语能力测试，会在复试中让考官印象深刻。专业课的准备要按照招生目录规定的考试科目展开。西医综合的考试是全国统一命题，基础薄弱的考生需要早一点开始准备，必要时参加考研辅导班。非西医综合考生的专业课考题，高校自主命题偏多。考生还需多留意心仪院校的学科特点，条件允许的情况下，争取获得往届考生的指点。

近年来，考研人数逐年增多，教育部研究生招生名额也在增加，但是录取率并没有显著变化。近年，部分学科的国家线有小幅上调。部分高校名牌专业的初试人员中，高分考生频现。数据显示，从有意愿考研到考研报名，再到研究生初试，3 个阶段的考生人数逐步下降。有的考生，不得不开始第二轮，甚至第三轮冲刺。找准适合自己的学校，找对适合自己的复习方法，持之以恒地准备考试，才有可能在初试中发挥出色，获得优异的成绩。

三、复试及调剂

考研复试前的流程包括初试成绩查询、国家线公布、自主划线院校公布复试分数线、各高校根据教育厅发布的招生人数发布复试通知。通过国家线但未达到目标院校分数线的考生，可根据自身意愿，选择是否进行调剂。收到复试通知的考生则应注意，复试阶段也存在一定的淘汰率，甚至高分考生也有因为复试准备不充分而落榜的报道。那么，在复试中需要注意什么呢?

研究生复试主要考的是考生对所报专业的掌握程度，包括专业课和专业英语考试。以往的考研复试，都得提前抵达报考院校，进行专业课笔试和面试，有的甚至包括实验操作。如果是通过网络面试的方式进行，在考试前，负责老师会通知考生准备电子设备，下载相关软件，并在规定时间进行调试。在网上面试的过程中，最重要的是要保证网络的畅通。如果出现机位不符合标准、视频卡顿、软件不兼容等情况，考生一定要沉着冷静，听从老师指引，高质量地完成考试。

在复试过程中，老师会就专业课问题向考生提问。医学类考生多分为专业型和学术型，考题侧重点也会有所不同。以临床医学类学术型考题为例，导师可能会对考生在本科期间参与的科研项目、亲自完成的实验、学生的科研状态及专业英语表达能力比较感兴趣。决心深造的考生可以从这几个方面准备。

最后，再说说考研调剂。在第一志愿上线考生复试完成后，考研调剂系统会陆续开放，各大高校会组织第二波复试。专业调剂和院校调剂都会在这个时候进行。各位考生根据自己的意愿，如愿意调剂，应尽早和心仪院校的招生办联系，获得最新复试调剂信息，争取宝贵的读研资格。考研是个持久战，既然开始了，就要咬牙坚持，终有一日，大家会感谢今日努力的自己。

（杨　玮）

第四节　考研初试与复试

一、初试

2021 年寒假，我的复习重点在英语，因为对我而言，专业课的知识需先打好框架，而英语是我的强项，前期复习好了，后期可以留时间给专业课。英语的复习课程我推荐唐迟老师的阅读课，它是能够用逻辑找到答题要点的，而写作我认为就是需要一点点磨。作文背好模板是基础，更重要的是有自己的思路和词汇储备，所以保持每天在手机上或者用你认为好的方式背记单词也可以打好写作的基础。每个人其实在这个月找到自己的优势和劣势是很有助于合理安排复习时间的。这个月是打好基础的一个月，要按照步骤把各科的思路理一遍，简单写一个框架即可，最重要的是这可以让你在后期找到每科复习的思路。

3 月到 7 月，围绕着课程和考研，时间变得少了起来，但是不要紧，每个考研人都是如此。只需平心静气，在不影响课程进度的情况下开始在每科大框架里填空，也可以开始做专业课的历年真题。针对专业课，我选择直接用课本书上的标题作为框架，结合题目填上重点。在这个时间点，题目可能会显得有点找不到方向或者反复做错一道题，所以启用一本错题本是个不错的选择。错题本不在于多工整的字或者多好看的笔记本，重要的在于你对这道题的解题思路和思考。再说说政治这门课。有很多人说政治只用在最后几个月看看就好，我的经历则告诉我这个说法虽然有一定道理，但是如果你在 3 月到 7 月累的时候看一看考研政治的讲解视频也是不错的选择，个人而言有些老师讲的内容还是十分有趣的。英语这段时间也可以开始刷一刷真题，但是不用刷得很快，而且要做到隔一周回顾一下每一个错题，不能以后再做的时候一错再错。

9 月到 10 月，跟着自己的节奏复习下去，主题应是坚持。这段时间可以准备关注自己的痛点以及政治英语的知识点记忆。可以头一天晚上准备好第二天要读和背的材料，第二天准时起来，在阳台读书。一般我背政治大题是自己打印一份，读个三四遍，然后以自问自答的方式检验。先理好思路后用自己的话说出答案，不一定要每个字都跟正确答案一样但是大体的思路要一致。接着就是做几道自己不太擅长的科目的题，例如我的专业课有机化学，我会轮换着做不同题型，给新的一天打上一针“肾上腺素”。虽然做的时常会很崩溃没有思路，但是也给自己的复习找到了痛点，因为考研不可能每道题都会，有的时候会是些没见过的，这就是考验你心态的时候。当重复多次做自己的痛点题你就会发现，就算有些题做不出来也不用理会，因为整体的考试需要你继续做下去，不用浪费过多的时间在难点上。

11 月到 12 月，我开始了专业课模拟考。模拟考需要较强的注意力和速度，这训练了我的反应能力以及知识的储备能力。虽然我一开始时常在模拟考的中途被各种情况打断而不得不放弃模拟，但是做到后面就感觉确实像在考场上，自己的状态也被调动了起来。紧张加上大脑飞速运转会使人清楚地意识到哪些问题还没理清楚，哪些是原本可以想到的却因为紧张而丢了分，每测一次都会有新的收获。因为自测的题目一般不是真题，有的会有失偏颇，有的会一个劲地抓着一点考，所以要有自己的意见，认为可以放的题目就不用再复盘。政治在这段时间也还是背，每天在和政治考试一样的时间去背。英语因为我前期已经做完真题，现阶段可以放一放，偶尔拿出一套真题重复做一下，但是作文是我的弱项，所以我会今天一篇小作文明天一篇大作文的交替做，不一定要自己写，可以默写自己之前背的，当然也要有默写的思路。同时，加强掐点训练也是很重要的。英语作文如果开头构思时间过长，会影响后续答题，而我的方法是先大致打个框架草稿，后续直接写到试卷上。每个人的英语水平不同，也要有自己的一套方案，我的方法并不适用所有人。

12 月 25 号，“战场”的大门即将打开。医学生一般是考三科，考试一般是第一天上午考政治，下午考英语，第二天上午考专业课。

第一天上午时长 3 个小时的考场战斗，大家都铆足了劲向前冲。虽然大题与预期的不一样，但是换汤不换药，还是可以用之前背过的知识点回答。当然，考场上有很多人会提前交卷或者发出一些影响别人的噪声。这时模拟考试的优势就来了：不必在意他人行为，只需专注自己，注意答题要点以及书写规范。字写得漂亮能给批卷老师留下良好的第一印象。下午考英语。中午考完后一定要好好休息，如果还有担心就默背作文模板，闭上眼不要回顾自己早上考试的任何细节，因为过去的已经过去了，只要关注眼前即可。英语考试在开头我以以往的速度写好作文后便迅速开始做前面的阅读。我们这一届的英语难度不大，所以完成得较为顺利。这也意味着竞争更大了，一分都是差距，所以之后若有类似的情况发生，考研人也不用焦急，这时需要做的就是检查。

12 月 26 日，气温骤降。最后一天专业课考试的这 3 个小时对我们来说都是最后一搏。拿到八张卷子的时候不管平时练习多少，我们都是会紧张的，而如何在紧张的情绪中保持冷静，关注每一道题，取决于长期训练的效果。2022 年的专业课由于是第一次改科目，每个人都是新手上场。我在做题的时候反复提醒自己，以各种方式平静自己。有机、分析以及生化这三门课放在一起难免会让人更加心急。有机作为第一门答题科目，上来就有许多我不熟悉的，但是有的放矢是我之前模拟的主旨，于是我就把一些题快速过了一遍，后面出现了很多熟悉的题目时，我的做题速度便提了上来。到生化的时候我看了一眼表，只剩下一个小时了，后面大题其实都属于最前沿的科学技术范畴，与自己所学好像联系不上，于是我转头去做有机空着的题目。还剩半小时，有机部分能做的已然做了，生化最后的大题我尝试用了自己的理解回答。最后，没有空着任何一个自己可能会的题已经是最大的成功了。

2 月底，某日，下午 4 点，我小心翼翼地点开官网链接查询成绩，看到满意的分数时，顿觉轻舟已过万重山。相信你们也会有这样一天，立于群山之巅，回头看，往事都是一篇篇珍贵的记忆。

二、复试

3 月底，复试开始。因为疫情，我们这届是线上面试，所以需要做的准备较多，如镜头支架双机位的调试，确保面试过程无其他人在场以及网络设备的流畅度。面试一共有三个部分，自我介绍、专业课问题以及老师问答。专业课知识又分为英文水平测试、实验操作以及基础理论。和纸上答题不一样的点在于口头描述，但是一样的地方在于需要逻辑，所以可以在草稿纸上写一下框架后再回答。清晰明了的回答是得分的关键。同时，情绪也很重要。面试是面对面的交流，需要与人沟通，如果过于急躁和紧张，会使得成绩排位靠后。综上，复试也不能掉以轻心，我见过的在复试后反而没成功上岸的例子不在少数。提前准备是十分必要的，从师兄师姐手中获取经验可以帮助自己更好地熟悉复试的流程以及可能出的题目。

考研是个持久战，考验你的耐力、毅力以及恒心。虽然不是每个人都需要考研，但是考研绝不是一件令人后悔的事。爬过考研这座山，人生还有更多的山要爬，每一座山都会有新的经验积累，这会让你越来越好。也许你会认为考研不是必经之路，但每一条你选的路都是需要像考研一样去不断攀登，不断向上的。人不能一直躺平，就如没有水会一直平静。需要奋斗的时候就该活跃，需要休息的时候就养精蓄锐。祝愿各位考研人能一战成硕！

（李星彦）

第五节　考研复习与面试

考研应该怎么复习？考研初试过线了，又应该怎样准备面试？

医学考研科目有综合考试、英语、政治。

综合考试包含多门基础与临床主干课程，须有扎实的基础，更要进行系统复习。医学专业硕士研究生（专硕）的西医综合考试涵盖生理、生化、病理、内科、外科，报考科学学位硕士研究生（学硕）的考生则参加学校的自主命题考试。针对考研笔试，市面上有许多机构与辅导讲义，其目的是帮助考生更快地掌握考研命题规律，在相对短的时间里获得更高的初试分数。目前医学生考研备考所用书籍主要分为教材和考研辅导书。教材作为考研知识的基本盘，具有系统全面的优点，精读教材也是许多考生一轮复习的首选。辅导书则形式多种多样，有讲义、思维导图、手写笔记等，它将系统的内容拆分为一个个知识点，配合着视频课程帮助考生查漏补缺。

英语作为考核科目之一，也是硕士研究生未来学习生活的必备技能。随着考研人数的激增，竞争逐年激烈，优异的英语成绩更成为考生脱颖而出的关键。英语学习需要有良好的基本功，靠的是日积月累，突击复习不可取。目前大多数高校医学生由于医学课程繁重，日常在英语学习方面的时间较其他非医学专业少，并且很多医学生的英语口语能力不够好。因此，如能在大学期间，更加重视自身英语（包括听、说、读、写）能力的培养，那么在偌大的考研大军中便已经掌握了主动权。在大学期间，除了认真对待学校的医学英语课程外，参加全国大学生英语竞赛，报考雅思、托福、GRE、阅读 *China Daily* 等，将有助于我们自身英语语感和词汇的积累。而当全身心投入考研备考状态时，不应只是沉迷于提高做题技巧，词汇量的扩大才是最重要的。

政治在考前 3 个月开始复习，分数可以有较大幅度提升，当然，为取得更加优异的成绩，部分考生会更早地展开学习。考研政治由五部分组成，分别是《马克思主义基本原理概论》《毛泽东思想和中国特色社会主义理论体系概论》《中国近现代史纲要》《思想道德修养及法律基础》《形势与政策和当代世界经济与政治》，卷面则是选择题和大题各占 50%。政治要求考生能熟练掌握相关理论并将其合理应用。考生应关注时政，了解理论的新发展。与其他学科一样，政治考研机构也有很多，也涌现出许多备受考生青睐的辅导老师。对于考生个人而言，系统地知识点学习、考点梳理、选择题刷题、大题背诵是学好这一科目的必经之路。

以上是基本情况概括。考研复习是一件脑力和体力并重的劳动，建议拉上两三位好友组建考研小组，互相督促、提醒、鼓励，互通考研信息，可以达到事半功倍的效果。考研人常常说这样一句话是，选择大于努力。听起来略有调侃的滋味，仔细琢磨一下，不无道理。考研报考是个信息战，院校所在地、专业排名、报考学科前景、报录比等都是需要了解的内容。在面对学校和专业的选择时，大部分学生心中并没有确切的目标，初试科目的复习压力也不允许他们将大部分时间投入于此。一个人收集的信息终究有限，此时研友的重要性便体现出来了。研友之间除了学习路上的相互鼓励，在报考前还可以交流各个高校的招生信息，考生可以参考这些信息找到适合自己的院校与专业。许多第一次考研的考生，经验相对缺乏，师兄师姐、学校及医院的老师也可以成为很好的咨询对象。值得注意的是，在“考研热”的背景下，名校的竞争更是激烈。这就要求学生根据自身情况来选择，从实际出发，量体裁衣，摆正心态，做出选择，相信定会守得云开见月明。

初试通过国家线与院校线，意味着一只脚已经迈入硕士研究生的大门了，接下来还需要参加报考学校组织的复试。尽管考核形式与内容多种多样，但大多数院校也还是看重考生的核心能力，如较高的专业课水平、优秀的英语能力、拥有科研经历、较好的应变能力和抗压能力等。

通过了硕士考试的笔试和面试，我们可能就是一名准硕士研究生了。这不是终点，而是一个新的更高要求的起点，要有更多的努力和辛勤付出才能获得好的成果！总之，路漫漫其修远兮，我们应该上下求索，以研究生生涯为起点，实现自己的人生价值。

（李天煜　杜宁超）

第六节　考研成功后的科研与临床

考研成功后，科学学位硕士研究生（即学硕）会在导师指导下在实验室从事科研工作。学硕培养年限为三年，一般首先由学校组织为期半年或一年的教学，集中学习理论和实验课程。经学习后，学生对专业理论知识的掌握更加牢固，具备查阅和综述专业文献等能力，随后两年主要进行临床基础训练与专科定向培养。学硕在科研方面的毕业要求较高，应按要求进行实验、标书、论文方面的学习与实践，熟练掌握相关信息技术，查阅文献能力大幅提升，能完成英文论文写作，为进一步深造打下基础，毕业后基本可独立从事科研工作。

相比专硕毕业生的“四证合一”，学硕毕业后缺少规培证，如果想未来从事临床工作，需要以本科学历身份进行为期三年的规培，直接就业相对较难。学硕的未来发展主流是考博，考博方式有转博以及申请考核制等，也有少部分学校可以考试入学。若选择转博，学硕可以申请硕博连读。硕博连读共五年，若走申请审核的道路，学硕只能考学博，除非学硕毕业后规培三年，方可获得考专博资格。

专业学位硕士研究生（专硕）的三年时间基本是在临床各科室轮转和完成规培计划，毕业时按照各学校的要求应做到：①通过医师执业考试，取得执业医师资格证书；②通过规培结业考试，取得住院医师规范化培训合格证书；③完成所有课程与训练，取得硕士研究生毕业证书；④提交毕业论文并通过答辩取得硕士学位证书。有了这四证即是所谓的“四证合一”，可在临床专科独当一面，初步具备临床科研基础。

专硕更加重视临床能力的培养。目前专硕与住院医师规范化培训并轨，开学后先进行几个月的理论学习，剩下的时间大多在各个相关专科轮转。作为专硕研究生，对自己所选的专业要做到“精”，同时其他学科的学习也不能荒废，轮转期间应重视各学科综合诊疗能力的提升。专硕与学硕相比，在实验室的时间较少，科研成果很难与学硕相比。面对日新月异的技术、指南与学科的前沿进展，专硕在读期间除了重视临床技术提升外，科研能力也要重视，因其已成为衡量一位医学生乃至医生是否优秀的指标。

由于拥有规培证，专硕毕业后找工作并不难，因此很多医学生更乐于报考专硕。但未来若想进一步提升，专硕们不得不面对其科研功底较薄弱的问题，需要花费较大的努力去弥补科研方面的不足。随着近年来大型三甲医院的招聘对于学历要求的提高，考博成为专硕毕业生直接就业外的又一选择。专硕考博选择范围相对较广，可以根据自身兴趣选择考博或专博进一步深造。

不论专硕还是学硕，考研成功后，都要学习临床知识和科研知识，只是侧重点不同而已。这个学习的过程是艰辛的，需要很多努力。如果只能报考学硕，最好能找一名医院临床医生做导师，这样既可以做科研，又可以抽时间跟导师上临床，尽量做到临床、科研两不耽误，当然，这需要更多的付出。专硕可以在临床工作之余，进实验室进行科研方面的培训。如果条件不具备，可以联系导师尽量让导师帮忙联系实验室。在实验室最起码应该学会细胞培养、苏木精－伊红染色法（HE）、酶联免疫吸附实验（ELISA）、聚合酶链式反应（PCR）、免疫印迹实验（WB）等技术，并应该初步掌握一些动物实验，如小鼠的采血、静脉注射、腹腔注射、麻醉等，以及一些动物的小手术。笔者也见过一些专硕研究生，在规培之余，进实验室做实验，并发表了 SCI 论文，以后的学医之路就相对好走多了。

考研成功只是开始，我们可以高兴一阵子，但不要忘记未来还有很多事要做。要想有好的收获，就得有辛勤的付出。愿每位医学生不论是哪种类型研究生，都能既懂临床工作，又能开展科研工作，并最终将临床和科研结合起来，做出一些有利于患者和社会的工作。

（李天煜　杜宁超）

第七节　硕士毕业与就业

硕士研究生毕业，大部分同学已经快 30 岁了，有些已经超过 30 岁了，在人生中又一次面临着重大的选择。如要不要继续读博，还是先工作以后再读博，还是读到硕士就不再读了，同时，还可能面临着结婚生子的人生大事。所以，研究生毕业也是个人发展的一个较大的分水岭。

面对这些情况，我们该如何抉择呢？根据我个人的经验，如果有机会，尽量继续读博，博士毕业后再找工作。但这也要看自己的意愿、当时所处的环境和家庭条件等。能直接读博当然更好，可以更快拿到最高学位，从而为自己争取到更好的工作平台。如果能找到一位在行业内有影响力的导师，那就更好了，毕业工作可能不用愁，以后的发展也可能有人领路和指引，更容易做出成绩。如果家庭条件或环境、成绩等不支持继续读博，那就先工作养活自己，然后边工作边学习，继续考博。不过现在的考博，大多是申请审核制，这就需要硕士阶段或工作后能出一些科研成果，否则申请起来也没有优势，比较难申请成功。如果硕士毕业和工作后科研成果不多，可以留意是否还有一些学校还在通过全国统考招生，然后去这些学校的官网找招生简章，仔细阅读招生条件，尽量通过招生考试去读博。不过这个过程比较辛苦，需要付出更多的努力，在兼顾工作甚至家庭的同时，去复习备考，完成博士考试笔试、面试等。这是一个磨炼和修炼自我的过程，需要不断地去付出，不断地应付可能随时出现的一些问题和意外。

如果研究生毕业后没有就业，那就要靠家庭帮助，或者自己想办法先解决生活问题，如做些兼职等，先养活自己，尽量不要做“啃老族”。边养活自己，边复习备考，也能让自己更充分地了解社会真实的一面。吃点苦未必不是好事，所以要学会吃苦耐劳，为自己的下一步发展打下基础。笔者本科毕业时，有些女同学家庭条件还可以，在家里复习考研，最终都考上了研究生。男同学倒是很少有在家里复习一年考研的，找到再差、再远的工作，基本上都是先就业再考研的，坚持考研的绝大部分也都上了研究生。

考研对于医学生的重要性不言而喻，就目前的就业环境来说，没有研究生学历都不好说自己是学医的。学医路漫漫，行医有风险，只有多学习专业知识，才能让患者和自己更安全，避免出现不必要的损失。

正如作家柳青所说的一样，人生的道路虽然漫长，但紧要处常常只有几步，特别是当我们还年轻的时候。所以我们要趁年轻把握住考研、考博等这几步，为自己的人生发展打下坚实基础。

总之，在此还是要劝各位年轻的医学生一句，如果有志于做医生干临床，接触患者的病痛，还是要尽早深造，同时不要忘记自己是个医生，避免出现高学历低能力的情况，如内科医生不会看病、外科医生不会做手术等，对于临床医生那样就有点舍本逐末了。在三甲医院尤其是大学附属医院做医生，一定要有高的学位和学历，同时要能临床、科研两手抓两手硬，才能做出一点成绩。

（杜宁超　廖木春）

4 第四章 读博

第一节　读博的艰辛与成长

一、艰辛

如果把读博比作一个雷雨交加的汪洋大海，那么每一位在读的博士生则是正在渡海的小舟。没有坚强的意志，没有过人的耐心，没有刻苦的钻研，没有坚定的信念，是不能完成博士学业的。

笔者从硕士、博士一路走来，信念与意志早已被这过程打破了无数遍。因读博而导致抑郁甚至自杀的新闻也有报道，这都是信念崩溃的体现。然而，很多人对此不理解，他们会觉得不就读书嘛，至于吗？为什么读博会如此艰辛？

根源一：学术进展不顺。好不容易写出来的人生第一篇论文被审稿人批评得一无是处，不断被拒稿却又得不到导师的帮助，如果这时候其他实验进展不顺利，如期毕业更是遥遥无期；走出实验室，别说跟其他学校的博士相比，可能甚至连隔壁课题组的硕士生论文都比你多，平台比你好，这会让你很失落。难道自己做的所谓研究，在其他人看来什么都不是吗？

根源二：社会地位差源于低收入水平。笔者曾与家人讨论过是否要继续读博的问题。家庭条件不好，我在读书，父母又是农民，如果还继续读博，则意味着未来 3 年家庭依然会一贫如洗。仅靠父母的微薄收入，怎么能为我在城市立足提供更多的帮助？此外，读博以后能否就能改变窘困的现状？这些都是现实的困难。

还记得读博时，每次同学聚会，我都会找各种借口不参加。每个月 2000 块的生活费在有房有车的同学面前不值一提，但我怕别人说“曾经的学霸，原来混得不过如此”。其实这都是攀比心理作祟，然而平凡的人，有几个能说自己不受这种心理的影响呢？那时的我经常这样问自己：读博，学业不顺、地位低、收入差、为什么这么落魄呢？

根源三：无助，能力不足又无法自助。读博之后，为了发表好论文以后找到工作，不得不把大部分的时间、精力投入实验，对家人和朋友几乎很少关注，甚至逐渐与他们疏远。这种长期的孤军奋战，最直接的后果就是遇到困难时心里的忧愁无法排除，无力感越来越深。

然而，“再穷不过要饭，不死总会出头”。当你自认为已经处于人生最低谷的时候，咬咬牙，挺过去，就会发现其实黎明的曙光就在不远处。

二、成长

想想毕业典礼时站在台上，校长为你拨穗，给你博士毕业证的那一刻，你会发现，自己已经蜕变成了一个全新的自己。

走出实验室，跟不同的人学习。如果研究不顺利，导师又无法帮忙，那么就走出去，跟不同的人交流学习。具体怎么做呢？很简单，就去参加其他课题组的每周组会。不同的课题组研究内容不同，但都是思维碰撞最多的地方。只有这种场合才能触发自己的新想法，实验才可能更加顺利。其次是去参加不同的科研讲座。每一个讲座的讲者要么是学术大牛，要么是发表了高水平论文的专家。去听一听，学一学，想一想，问一问，收获会非常大。

就算是空想，也要坚持看文献。所谓空想，即看文献后对自己课题的设想，尽管不一定能实施，但一样可以让自己紧跟前沿热点，知晓当前研究领域内的动态和热点，更能了解别人是如何阐明一个科学问题的。坚持阅读文献，是一个摄取知识、转化吸收知识，并将其在未来用到的重要前提。只有大量地、持续不断地阅读文献，才能不断地加强自身的学术素养，拓展自己的研究思路。

文献分两种，一种是研究型的，一种是综述型的。阅读研究型论文要注意学习其中的实验方法、数据分析方法和研究思路，尤其是研究思路。随着科研经历的增长，你会发现思维很容易固化。这时候特别需要去看不同人的研究性论文，并深入理解，模仿别人研究问题的思维方式，才能不断地进步。而综述型的论文则更适合博士一年级学生，或者需要新开展一个课题的时候大量阅读。可以选择最近5年内的、影响力大的杂志发表的及引用量多的综述，这些往往是领域内比较权威的文献。同时需要关注领域内的新闻动态，保证自己与时代接轨，站在所在领域的前沿尖端。

家人的坚强后盾永远是支撑你继续深造的动力。人是群居动物，需要爱和被爱。家人的鼓励支持，不能给你的科研带来直接帮助，但永远是你的港湾。

还要坚持运动，练就强健的体魄，塑造坚忍不拔的意志。科研需要耗费大量精力，读博更是一场没有退路的硬仗，没有健康的身体作为支撑，即便最终胜利了，也是满身伤痕，无力再战。所以，坚持运动，练一个好身体，才能完成学业，探索更多的未知领域，攀登更高的山峰。而且，运动锻炼还可以塑造坚忍不拔的意志，以对抗读博时枯燥的科研生活，保证信念不被击破。

坚持就是胜利。知乎上有一个热门问题："读博那么辛苦，为什么还有很多人要读博士呢？"下面有一个获赞很多的回答是："在不缺钱的条件下，读博真的很有意思。"有人认为读博的痛苦源自经济压力、就业压力和社交压力，其实这些不过是痛苦的表象。要是能把文章在CNS上发表，即使延期几年毕业，那又何妨？所以读博的导师选择很重要。好的导师有充足的经费，有同门师兄弟的教导，有最先进的仪器，同时做的课题也是前沿尖端的，往往这种情况下读博能获得好的成果。有好的科研成果，以后的科研道路才能更广阔和顺畅。

此外，那些家庭条件不太好的人，一定要明白一个道理：读书改变命运。持续深造，未来一定会更好。这是让笔者在无数次想放弃读博时坚持下来的几个字。是的，读书可以改变命运，读书人的未来也一定会更好。所以，读书能改变命运，坚持就是胜利。

（邓志钦）

第二节　读博的心理素质和课题选择

读博是人生的一场修行，从一开始选择读博，就得有开始苦行僧般生活的思想准备，其中的酸甜苦辣只能独自品味。苦的是，这不是一条容易的路，不是付出就能有收获；甜的是，即使一路坎坎坷坷，但最终会柳暗花明，而且沿途的风景亦是人生的财富。所以，攻读博士，不仅意味着一场智力的博弈，更是一场心理素质的考验。

本科生解决的是“是什么”，硕士生解决的是“为什么”，而博士生解决的是“怎么样”。这是一个循序渐进的过程，也是理论到实践的转化。所以我们需要摆正心态，沉淀自己，多读文献，多思考。

当今社会对医学生读博的要求是极高的，既要求临床实践，也需要基础研究。这就意味着每一位医学生都需要有强大的心理素质，来打赢这一场战争。其中，找方向，想选题，对于每一位博士生来说永远是最艰难的，也是最重要的，因为万事开头难。换言之，如若草率开题，过程和结果也会变得艰难，最终蹉跎了岁月，荒废了学业。做课题好比在林子里打猎，学士的课题是导师告诉你那儿有一只被打死的兔子，你去把它捡起来；硕士的课题就是告诉你那儿有一只兔子，你用弓箭把它射到就行；而博士的课题就是给你一片林子和一副弓箭，你得自己去找到兔子并猎杀兔子。这个比喻在一定程度上告诉我们，博士的课题是自主的、灵活的且有难度的，同时也是一种从量到质的飞越。因此，课题的选择需要根据科学研究的目的和需要，力求超越前人，实事求是地进行研究和评估任务的完成。这意味着我们要选好题，但也要摆正心态，不可奢求经过努力也达不到的目标。看似简单的道理，但也是众多博士生在就读过程中很难做到的。我们往往错误地认为，付出就一定会有收获，因而时常抓着一个点子或者课题不放，撞破南墙也不回头。殊不知，付出和收获并不一定体现在同一件事情上。

笔者读博期间也曾有较长的瓶颈期。精心设计的课题两年也没有得到自己想要的结果，因为不想轻易放弃，便逐处找原因，排除干扰因素。然而在这个过程中却意外地发现了更加有趣的现象，于是随之开展了第二个课题。最终，在第一个课题得到有效解决的同时，也顺利完成了第二个课题。“福祸相依”恐怕说的就是这个道理。当然，在瓶颈期的时候，笔者也花了很多时间去调整心态，然后寻找解决问题的办法，如大量阅读文献和请教专家学者等。最终功夫不负有心人，走出了学校的大门，走入了科学的殿堂。

读博应该是个心志苦、意趣乐的过程。课题的选择，源于兴趣，终于实践。我们需要一个好的课题，更需要用耐心去打磨一个课题，并持之以恒，脚踏实地。路漫漫其修远兮，吾将上下而求索。道阻且长，行则将至，与君共勉。

（李艳鹏）

第三节　读博时与导师和实验室同学的关系

读博难，其中的难处有很大一部分在导师、实验室和自己。这三者就好比天时、地利、人和。岁月静静流淌，只会永远向前。正因为一群可爱的人和一些有趣的事儿，博士生涯才会成为一段宝贵的、一去不复返的人生经历。

选择合适的导师，与导师建立一个让彼此都感觉舒适且又以学术为导向的关系，并不容易。大部分学生对导师抱有过于尊敬的态度，认为导师就是权威，因此导师布置什么任务就完成相应的部分，很少主动找导师谈课题；跟导师谈话时也是小心翼翼，不敢坚持自己的意见，一味认同导师的观点。这些习惯让我们变成了一个很好的聆听者，但却不利于成为一个思考者。在与导师讨论的过程中，我们内心也会闪现出自己的见解，不妨大胆提出并与导师交流。这样一来可以提高与导师的交流效率，二来有助于课题的进展和自己的科研发展。

古语有云“一日为师，终身为父”。我们要心怀敬仰与感激，与导师保持一定的距离，但又不可显得太过生分。导师与学生的关系应该是融洽的，在学术上也应该是平等的。

导师不仅是学生毕业论文的指导老师，还在一定程度上潜移默化地影响着学生的发展、科研方向和性格。随着我们不断地深造，我们与导师的交流互动会更加频繁。在科研过程中，导师的作用不是指导你写一篇论文或者做一个实验，而是教你如何提出问题、思考问题及解决问题。所以，我们与导师的关系应该是密切的，也应该是独立的。密切是指应该与导师保持沟通和交流，独立是指应该有自己的科研思路，不能过分依赖导师来给你解决问题。

机缘巧合，笔者在硕博阶段有幸进到外国导师门下，深深地体会到国外不同的教育理念以及师生关系。当然，最重要的是选择适合自己且有利于自身发展的师生相处模式。

此外，回过头来你会发现，实验室的同学更是我们朝夕相处的伙伴，因此，正确处理实验室同学的关系显得尤为重要。

刚踏进实验室，往往会有热心的师兄师姐愿意手把手教你做实验。第一次上台汇报时很忐忑，师兄师姐会安慰你，多练练就好了。第一次走进实验室，胸有成竹却发生“车祸现场”的时候，实验室的同学会给你安慰与帮助。当你在课题上有新点子的时候，你会有实验室的同学可以分享。当你进入课题忙得昏天黑地的时候，也会有实验室的同学二话不说伸出援手……聚在一起就是缘分，一定要珍惜眼前，活在当下。

（李艳鹏）

第四节　读博后的就业与博后选择

近年来，中国的博士毕业生数量连年攀升：2021 年在学博士生 50.95 万人，在学硕士生 282.29 万人。2004 年，有 2.3 万名博士毕业，到了 2022 年，博士毕业人数达到 10 万左右，加上海归博士，就业博士就有 11 万人。同时近两三年，也常常看到一些新闻：清华北大硕士、博士当中小学老师，博士、博士后到基层街道工作……高学历到基层工作，是否就是屈从？是否是教育资源的一种浪费？年轻博士的出路究竟在哪里？

一般来说，博士毕业后有以下三条出路：继续做学术（进高校、研究所、医院、出国做博士后）、进企业、进体制内。

总的来说，应该根据自己的家庭情况，选择与初心最相近的工作。

如果是继续做学术，论文数量和质量是你的成绩单。如果没在顶级期刊发表论文，也没有一定数量的论文，需要继续做博士后，再积累 2 ～ 3 年。现阶段最重要的事是做博后、拿项目，积累更多的论文，特别是在顶级期刊发表的论文。论文和项目才是决定你去留的“硬通货”。做科研有风险，并不是投入了，就一定能有回报，所以继续从事科研工作，需要特别慎重。优秀的博士生，手拿好几篇在顶级期刊发表的论文，收入才会较为理想，社会地位也自然会水涨船高。但实力较差的，无论是在高校、研究所，或是医院，往往都不会有好的发展。所以，但凡想继续做学术研究的博士，先看看自己的成绩单，再根据自己的家庭情况去判断是否适合继续做科研。

没有充实的物质基础，不会有好的精神状态。想在高校、研究所工作扎根，要面临巨大的生活和工作压力。工资不高，而跟你一起竞争的人都是博士起步，再加上各种岗位考核，压力只会越来越大，生活状态也不会是最好的。不必强求进高校。试想一下，高校名气越大，优秀人才越多，压力也会越大，很可能 35 岁了还没有工作的稳定感，还面临着被学校“3+3”末位淘汰的风险。这时你真的不会羡慕那些已经在其他行业站稳脚跟的师兄弟吗？

如果认为科研既艰难又充满变数，不妨在就业的时候将目光投向企业。相对于选择做科研而言，选择进入企业的博士，更应该去社会历练，提高自己，而不是专注于论文发表。以商科为例，这时论文项目就变得不那么重要了。这部分博士只需“安分守己”，努力达到毕业要求，还要在博士在读期间积累项目实习经验、建立人脉关系。博士的资源往往比本科好很多，利用博士身份、导师资源、学校牌子，建立广泛的人脉并利用这些人脉关系，帮助你择业，使之成为你以后进入企业或者项目工作中的助力。要告诫自己，我已不再是一个学生，不再是温室里的花朵，应该去融入社会，适应成人世界的规则和残酷。

如果选择博士就业进体制内等事业单位，学生会的经历就比较重要了。尽量让自己在读博士期间参加学生会，如果成为学生会干部更好。而且应多参加一些与党组织相关的活动，如各类党建活动等。利用学生会的身份、导师资源、多学生会资源、学院资源等，多认识政府部门的公务员、领导等，在他们面前展现你的才能，并且平时也要多联系，多汇报自己的情况，他们很可能在以后你进入这些单位时能提供帮助。如果是医学类博士，则需在考博的时候，选择一位临床型的博士生导师，在读博期间，将规培证、执业医师资格证提前拿到手，同时手上可能还需要有一些“过得去”的论文。因为作为一个医学博士，想要在医院立足，除了临床业务要熟练、精湛，还需在科研上有一定的造诣。

此外，想要在医院内的职业发展更近一步，博士后的选择同样重要。如果博士生导师已经是领域内的大牛人物，那么在博士后期间继续回博士生导师的实验室工作，一脉相承下来，更容易出成果。如果认为博士生导师在学术上的帮助已不多，可以换一个领域相近的博士后合作导师，继续沿着博士课题深入研究。这些其实都是为了在博士后期间产出更多、更优秀的成果。拿着这些成果，才有可能拿到为数不多的编制。当然，编制不是万能的，很多没有编制的工作也是很好的。

近几年由于国家政策调整，许多医学博士没有拿到规培证。对于没有规培证，又想进医院从事临床工作的博士而言，做临床型的博士后，可能会比较辛苦，既要干临床，又要做科研，得付出其他人双倍的努力。因为拿着博士后的工资，还要干规培生的工作，要多下临床，还要花时间去搞科研，是需要付出比较大的努力和辛苦的。笔者一个博士师妹就遇到这种情况，最终权衡之后，还是选择了先做博士后，等出站留院后再规培。现在对医学生的要求越来越高，以前可能一个硕士学位已经足够，但现在只有去适应、去努力，才能实现自己的抱负。

基于现状，笔者认为，博士在就业时没必要给自己限定高校、医院等去处，完全可以将目光投向二线、三线城市的基层单位或者企业。相信经历过博士阶段的锻炼，无论何种岗位的工作，都是能胜任的，也能有一个精彩的人生。

有时候，我们总会对未来感到恐惧，留恋过去的一切，不敢走出自己的舒适区。但人总会遇到困难和挫折，在低谷时，或者站在人生的十字路口时，只有充分了解自身，认清环境，继而勇敢前进，挑战自己，才会成长。愿每一个同路人，都能勇敢前行，成为更好的自己。

（邓志钦　杜宁超）

第五节　医学博士的成长

医学博士（MD）是医学最高学位，就读时间一般为 3 ～ 6 年。临床型医学博士学位是我国的医学博士学位之一，以培养临床实际工作能力为主，和以培养医学科学研究能力为主的科学型医学博士学位共同构成医学门类的两种博士学位，由高等院校或研究机构按规定授予。

《培养医学博士（临床医学）研究生的试行办法》1987 年开始试行。医学博士要求政治素质过硬，具有良好的医德医风，掌握 1 ～ 2 门外语，能熟练阅读本专业的外语资料，具有一定的听说读写能力；业务上要求掌握本学科的基础理论和专业知识；在临床工作中，具有独立处理本学科常见病及某些疑难病症的能力，达到初级主治医师水平，能指导下级医师；具有从事临床科学研究和教学工作的能力。要达到这样的要求，在这 3 ～ 6 年的学习与实践时间中，丝毫不能松懈。临床型医学博士经过临床型硕士 3 年的规范化培训，临床上已经能独当一面，那么在临床型医学博士阶段，就可以在临床上深入钻研，形成自己的特色，并且有时间思考本专业领域中更深更广的问题，并撰写、发表有价值的高质量文章。而科学型医学博士，其在硕士阶段已经进行过必要的科研训练，有比较好的科研基础，那么在博士阶段就可以深耕细作，发表更高质量的研究成果，争取在自己的领域内有一点建树。

全日制医学博士不论是专业型还是科研型，目前的毕业要求都比较高，特别是科研型，对文章和毕业论文的要求更高。所以能入学只是第一步，要想毕业还有很长的路要走。特别是大龄读博、拖家带口的全日制博士生，压力更大，路更难走。所以能读博尽量早点读，读出来就是另外一番风景了。

读博期间没有几个人的实验是一帆风顺的。经常是辛辛苦苦干了几个月，最终没有好的结果，甚至可能没有得到任何结果或数据。这不光浪费了人力物力，更浪费了不可追回的时光。这样反复几次，延迟毕业甚至读 4 ～ 5 年才能毕业也就比较正常了。这个过程对博士研究生的煎熬，真的是没有读过博的人难以想象的。笔者也曾因为实验设计、操作、数据采集等，迷茫徘徊过，那时就像一个人走在茫茫的沙漠，看不到一个有生命的东西，看不到一点绿色，以至于晚上失眠，有时靠药物也不能入眠。有时走路吃饭也在思考课题和实验，甚至因此出意外、出状况。这种情况下，要多和导师、同学、师兄弟姐妹等交流，让别人帮你出谋划策，改进和修正课题，当然最终还是要靠自己来把握和执行。笔者也曾天真地以为课题设计就靠导师了，自己只负责做好实验。但过了半年，发现有些领域导师也不熟悉，所以一定要自己参与设计课题，弄清楚课题走向，把握好课题前沿动态。所以，你应该是最了解你课题的全部内容和最新进展以及发展趋势的第一人。

在读博期间，还要多读相关专业的文献。一定要自己读文献，不要指望别人讲给你听。读文献包括精读和泛读。有些

SCI 文章的影响因子以及跟你的课题相关性大的文献，一定要精读、多读，重点内容在 PDF 里标出来或打印出来用笔标记。其他相关文献可以泛读，了解大致内容，以及和自己的相关性。读文献这一关如果都过不了，那距离发表文章、写出毕业论文、参加毕业答辩就更遥远了。

还要学会向别人学习，和其他人多交流，来获取一些建议意见和相关知识。有时别人看到和想到的，可能是你几个月冥思苦想而不得的，所以有些不经意的交流，可能会对你有莫大的帮助。同时不要吝啬自己的技术和知识，多帮助他人，不要把自己的本事藏起来，那样你也很难得到别人的帮助。有些成熟技术交给不会的人，让别人少走点弯路，你也许会收到惊喜和意想不到的帮助。

做实验是个漫长的过程，需要细心、耐心和恒心等，碰壁是常事，顺利是偶然，起早贪黑也是常事，有些实验要卡时间点，凌晨两三点做实验也是常事，所以一定要坚持下去。辛辛苦苦两三年把实验做完了，还要收集数据、统计分析、写文章。根据我的经验，一般 SCI 文章写出来，第一次交给导师或编辑的也就是个“木头块”，还有太多地方需要雕琢，一般都会被退稿，按审稿专家的建议去修改，反复修改，甚至要补实验，有时需要 3 ～ 6 个月。反复修改后再投出去，一般还是不会中，能中那就证明你很优秀了。根据个人经验，一般的 SCI 文章投稿都得三次以上才有可能中。在投稿前和退改过程中，要和导师保持沟通，让导师多给点意见和建议，即使有时他不能给太多建议，为表示尊重，也是要向他汇报的。笔者也曾见过有些学生不给导师报备，自行发表文章，带或者不带导师做通讯作者，最后导师知道后一般都比较恼火，甚至会影响到学生的毕业。

再谈谈发表文章和答辩。要先搞清楚学校授予博士学位的论文要求，如很多学校要求最晚毕业前 8 ～ 10 个月就应该把文章投出去，否则可能赶不上三四月份的预答辩。如果不能参加预答辩，那基本毕业就要延期半年。预答辩不通过，也是要延期半年毕业的（也许有些学校不太一样）。论文被杂志接受后，就可以申请预答辩和答辩了。在此之前或同时就应该写毕业论文了。毕业论文查重要求非常严格，因为你做的东西，有些基础部分都是别人做过的很成熟的东西，所以可能重复率比较高，要反复地改，否则查重不通过就不能参加论文外审，那样也就没办法按时毕业了。经 3 个盲审专家的外审，通过后才能参加预答辩和正式答辩，预答辩还是会刷人的，有些人不能通过。正式答辩一般问题都不大，基本都能通过答辩。但听说也有极少数人在正式答辩中折戟沉沙，这是比较罕见的，可能是出了重大失误或者错误。

在所有实验和发表论文的过程中，要以按时毕业为最大目标。这个目标有时虽然难实现，但还是要为之努力和坚持。而且在这个比较艰难的阶段，要以活下去为基本原则，脸皮要厚，任何打击都要能抗住。觉得自己压力太大时要找家人、同学、朋友或者导师排解，有时就是几句话，会让你顺利挨过这个困难的时期。在此也奉劝大家一句，选导师一定要慎重，要了解一下课题组最近几年学生的发表文章和毕业情况。如果近几年都没有人能毕业，甚至有些博士后读了 7 ～ 8 年导师还不让毕业，就把他们留在课题组做秘书、干苦力，这种情况就要引起注意了。如果明知道前面几年都并没有博士能毕业，还要去读这个导师的博士，那就很可能要么读 2 ～ 3 年退学了，要么只能挂在那里，进也不能退也不是。出现这种情况的导师一定要谨慎选择，因为你很难成为那个能毕业的幸运儿，毕竟你也不比别人聪明或者优秀多少。

总之，读博期间，遇到困难要想各种办法解决，不能一蹶不振或者放任自流。再有就是要以按时毕业为最大目标，各项工作都要服从和服务于这个目标。愿我们每个有志之士，都能经受住此番洗礼，成长为一个对社会和家庭有益之人，成就一番自己的事业。

（杜宁超　李天煜）

第六节　医学生创业

医学生创业这个话题，应该很少被谈及和讨论。我们这里谈的主要是刚毕业的年轻医学生创业。医学生所学的专业面比较狭窄，就业选择相对比较有限，而创业的可选范围就更小、更困难了。本科或研究生刚毕业的医学生，在临床方面还缺乏相关经验，也缺乏相关的创业经验和资金，创业很难，除非去从事其他医学相关或不相关的专业或行业。

所以医学生创业要慎之又慎。创业是个很大的话题，也是一个涉及很多方面的事情。医学生创业可以从事医学行业，也可以从事其他相关行业，但最好能和医学行业有关系。在起步时最好不要投入太多经费，毕竟船小好调头。看看国内外的创业成功人士，很少有哪个是一次创业就成功的，绝大多数都经历了很多次的失败，才成为为人熟知的成功者。所以我们如果要创业，在刚开始时一定要谨慎起步，慢慢发展。

现在社会竞争明显加大，创业可能更艰辛，需要付出的努力比在一个单位工作要大得多，不光要有相关的技术，还要懂管理、财务、人事、质控、环保等方面知识，所以创业者需要是一个全面的，能起到定海神针作用的人，也要有能经受住反复失败的一颗强大的内心和经济实力。

笔者的一个好友硕士研究生毕业，不愿在医院做日复一日的工作，自己创业开过餐馆，以失败告终；在外资医疗机构干过，目前自己创业，从事保险相关行业，干得也不错，年收入远高于他当年医院的同事。是否要离开医院创业或进入其他行业，要看个人的意愿和所追求的东西，没有绝对的对错。跟随自己的内心，实在不愿意在医院做一眼可以看到头的工作，也可以尝试其他工作或者自主创业。不过这个还是要慎重，不能一时冲动，放弃太多东西而得不偿失。

如果还是能适应医院的工作，有足够的耐心等待自己缓慢成长，那在医院工作也不失为一种好的选择。在医院或医疗研究机构工作，其实也是一种创业。自己的发展和成长，所付出的努力，其实也是一种投资。干得好了也可以有很好的发展前景，这实质上也是对自己职业生涯的一种开创。这种创业有时需要更多的耐心、智力、时机、付出、帮助等，甚至家庭的付出和帮衬。

医学生不是不能创业，只是创业的面相对狭窄些，创业前应该做好充分的准备，不要头脑一热在冲动的情况下去创业。创业时可以一个人，也可以合作创业。而合作创业时，应该提前就写清楚投资比例、收益比例、亏损负担、股份占比等，不要靠君子协议等口头约定，要不然可能到最后大家没办法继续合作下去，甚至连朋友都做不了。

人生需要一搏甚至不断去搏，但是这些拼搏需要有一定的基础和认知，不要光靠一时热情去做很多事情，尤其是创业。创业是一个漫长的过程，一些有社会责任感和良知的企业家，没有一个不是经历了漫长而艰辛的创业过程的。其实，能称得上企业家的人少之又少，有些人弄个空壳却挂名高科技公司，坑蒙拐骗地去做生意，没有任何创新和对人民负责的高科技产品；有些人左手倒右手，借助金融杠杆不断加力去赚钱；有些人用慈善包装自己，把自己伪装成一个大慈善家，而自己公司员工的工资却低得要命。凡此种种，都是创业路上的“歧途”，大家千万不能误入。

创业值得肯定，特别是有自主创新，能解决“卡脖子”问题的创业，所以最后奉劝有创业打算的同学，投资有风险，创业需谨慎！预祝大家创业成功！

（杜宁超　鲍　一）

第五章 5 规培

第一节　医学规培的发展和内容

2014 年 8 月 25 日，国家卫生计生委以国卫科教发〔2014〕49 号印发《住院医师规范化培训管理办法（试行）》（以下简称《办法》）。该《办法》分总则、组织管理、培训基地、培训招收、培训实施、培训考核、附则，共 7 章 34 条，自印发之日起施行，由国务院卫生计生行政部门负责解释。

住院医师规范化培训，是指高等院校医学类专业本科及以上学生，即临床医学类、口腔医学类、中医学类和中西医结合类学生，在 5 年医学院校毕业后，以住院医师身份接受的系统化、规范化培训。住院医师规范化培训按内科、外科、全科、儿科、精神科等不同专业方向进行。全科医生规范化培养是住院医师规范化培训的重要组成部分。住院医师规范化培训属于毕业后教育，主要模式是“5+3”，即 5 年医学类专业本科教育后，进行3年住院医师规范化培训。培训在省级及以上卫生计生行政部门认定的具备良好临床医疗和教育培训条件的培训基地进行，方式以在临床有关科室轮转为主，培训对象在经验丰富的上级医师指导下从事临床诊疗并接受理论与实践紧密结合的教育培训，着重培育和提高临床医疗预防保健康复能力，达到能够独立、正确、规范地处理临床常见问题，并为今后具备处理复杂、疑难问题的能力奠定基础。培训内容主要包括医德医风、临床实践技能、专业理论知识、政策法规、人际沟通交流等。完成培训并通过过程考核和结业考核者，可获得全国统一的《住院医师规范化培训合格证书》。

住院医师培训萌芽于19世纪末，推行于20世纪五六十年代。推行住院医师规范化培训，既需要对招收对象、培训模式、培训招收、培训基地、培训内容和考核认证等医学教育措施做出规范的制度性安排，也需要明确财政、人力资源社会保障、发展改革等相关政策保障。建立住院医师规范化培训制度，是我国深化医药卫生体制改革和医学教育改革的重大举措，有利于实现我国医师培养的标准化、规范化、同质化，有利于为人民群众提供安全、有效、高水平的医疗预防保健康复服务，是建立符合行业特点的人才培养制度的有益探索和重要组成部分，也是我国医学教育赶超国际先进水平、逐步实现现代化的必然选择。

我国住院医师培训始于20世纪20年代初，当时北京协和医学院实行“24小时住院医师负责制和总住院医师负责制”。20世纪80年代，卫生部从部分大学附属医院开始试点进行住院医师规范化培训工作，之后试点范围逐步扩大。1993 年卫生部颁发《临床住院医师规范化培训试行办法》，1995 年颁发《临床住院医师规范化培训大纲》，对于提高临床医师队伍素质、保障医疗质量起到了重要作用。

以前的培训有着不少困难和问题，主要表现为培训体系不健全、培训水平和规范程度不一、区域之间发展不平衡、城乡基层的医生普遍缺乏接受高水平住院医师规范化培训的机会等。2009 年《中共中央国务院关于深化医药卫生体制改革的意见》（以下简称《指导意见》）中明确提出“建立住院医师规范化培训制度”，2010 年《国家中长期人才发展规划纲要（2010—2020 年）》规定“开展住院医师规范化培训工作”，为推进住院医师规范化培训制度建立工作提供了有力的保障。

从 2014 年开始各省（区、市）要逐步建立和完善本地培训体系和工作保障机制，结合本地实际制定出台相应的实施办法、考核管理规定等各项具体的政策措施，建立健全财政补助机制；国家层面将开展有中央和地方财政专项经费支持的培训工作，对参加培训的学员、基地等给予适当补助。2015 年起各省（区、市）在本辖区范围内全面实施住院医师规范化培训，提高培训能力和水平，扩大培训覆盖面，鼓励有条件的地区率先实现培训对象基本全覆盖。到 2020 年，在全国范围内基本建立住院医师规范化培训制度，形成较为完善的政策体系和培训体系，所有新进医疗岗位的本科及以上学历临床医师均接受住院医师规范化培训，使全国各地新一代医师的临床诊疗水平和综合能力得到切实提高与保障，造福亿万人民群众。

凡是准备从事临床医疗工作的高等院校医学类专业本科及以上学历毕业生，或已从事临床医疗工作并取得执业医师资格证书需要提高临床诊疗水平和相关业务能力等而接受培训的人员，均是培训对象。培训对象的身份有单位委派人员、面向社会招收人员和研究生三类。单位委派人员是指已与用人单位确立了人事（劳动）、工资关系，再参加住院医师规范化培训的人员；面向社会招收人员是指没与单位确立人事（劳动）、工资关系，而只是与培训基地签订培训协议的人员；研究生是指通过国家全日制医学硕士专业研究生考试而招录的，是院校的学生。培训对象在省级及以上卫生计生行政部门认定的培训基地接受培训。培训基地原则上设在三级甲等医院，也可结合当地医疗资源实际，将符合条件的其他三级医院和二级甲等医院作为补充。全科医生规范化培养基地除临床基地外还包括基层医疗卫生机构和专业公共卫生机构。

在全面启动住院医师规范化培训的省（区、市），只有取得住院医师规范化培训合格证书，才具备临床医学专业中级技术岗位聘用的条件。到基层医疗卫生机构工作，可提前一年参加全国卫生专业中级资格考试，同等条件下优先聘用。培训对象到基层实践锻炼的时间，可计入本人晋升中高级职称前到基层卫生单位累计服务年限。申请个体行医，在符合规定的前提下予以优先，并逐步将参加住院医师规范化培训合格作为必备条件。

中医住院医师规范化培训是住院医师规范化培训工作的重要组成部分。中医住院医师规范化培训对象是拟从事临床医疗工作的具有中医、中西医结合、民族医类专业本科及以上学历的毕业生，或已从事临床医疗工作并取得执业医师资格证书，需要接受培训的中医医师。中医住院医师规范化培训基地主要建立在三级甲等中医、中西医结合、民族医医院，其他符合条件的三级或二甲医院作为补充。中医类别全科医生规范化培养工作将按照《国务院关于建立全科医生制度的指导意见》开展，目前，国家中医药管理局已会同卫生计生委、教育部，出台了《中医类别全科医生规范化培养标准》和《中医类别助理全科医生培训标准》。

中医住院医师规范化培训有别于其他专业（类别）住院医师规范化培训的方面主要有两点：一是中医住院医师规范化培训注意遵循中医药理论体系特点和中医药人才成长规律，在三年的培训过程中，采取“2+1”的模式，即先接受2年的中医内科、外科、妇科、儿科、针灸、推拿、骨伤等中医所有科室及辅助科室的通科大轮转，第三年（9个月）再根据学员即将从事的临床专科情况进入相关科室轮训。二是引入中医师承教育模式，由学员根据所学专业及今后发展方向选择所在培训基地符合条件的临床带教老师作为自己的师承指导老师进行跟师学习，跟师时间是每周半天。

根据目前的形势，参加规培的医生要有端正的态度、积极的心态、实干的作风，在临床工作中尽量每天都能做点自己以前没做过的事情，每天进步一点点，三年下来应该能学有所获，学有所成。

（杜宁超　孙　军）

第二节　医学规培的现状分析

医师规范化培训简称“规培”，包括“住培”（即住院医师，包括总住院医生）和专科医师培训体系。住院医师规范化培训是指每一名医学生毕业后到进入医院正式工作之前，都需要在国家认定的培训基地中以住院医师的身份进行系统化的全面培训，并在上级医生的指导下学习行业专业知识及提升规范操作技能。这是所有医学生转变为一个合格医生的重要经历。2015 年，国家发布《住院医师规范化培训制度发展报告（2014）》，标志着我国已经形成了相对成熟和系统的住院医师规范化培训制度。当前医疗单位已经在执行住院医师规范化培训制度，只有参加过规范化培训方能有机会进入相关的医疗单位。因此，医学规培是大多数医学生的必然选择。

在这三年的规培中，医学生需要在相关科室进行轮转，跟随不同科室的带教老师学习扎实的理论知识，掌握精湛的操作技能，结合实际的大量病例案例经验从而提升诊疗水平，为今后成为一个能具有独立诊疗能力的职业医师奠定重要基础。通常参与规培的人员主要有这三类人：单位人、社会人、“四证合一”研究生。单位人是指已经在其他单位或本单位找到了工作的人，赴规培单位进行学习；社会人是指毕业后没有就业的人员，需要在规培结束并获取规培合格证书后就业；“四证合一”研究生是指硕士研究生就读期间的规范化培训。在规范化培训过程中，规培生培训的内容包括医德医风、专业理论知识、临床实战操作技能、人际沟通等。这些培训内容系统且全面，力图让每个规培生在规培时间里，能掌握足够多的让自己能进行独立诊疗的技能，因为这些都是作为一个合格医生必须具备的基本的综合能力。规培生在完成培训后，还需要参加相关的考核，通过考核后，将获取全国统一的《住院医师规范化培训合格证书》。

大量的调查表明，医学生规范化培训对医学生的临床医学技能及医学素养的提升意义重大。医学生能切身地体会到临床工作与理论知识如何相结合，并在大量的病例案例中，总结规律，学会分辨，从而提高诊疗水平。同时，我们也要注意到，三年的医学规培，无疑增加了学生们的教育成本，这个阶段医学生的工作强度和压力都比较大。相比其他专业而言，医学专业的入学门槛高，学习周期长，医学生在毕业后大多数无法直接工作，而是要先进行规范化的培训，这无形之中增加了医学生的学习及就业压力。首先，处于培训阶段的医学生，收入都较低，尤其处在一线繁华城市的规培生，高额的生活费用、低微的收入使得经济压力更大，有不少规培生还需要父母的经济支持。在医院里，规培生的工作内容、工作强度与医院正式员工相比并没有减少，而同工却不同酬的现象时有发生，规培生们通常因为这个原因无法投入正常工作中。这个年龄的医学生又同时有成家立业的压力，未来职业发展不确定性，也会对个人家庭发展规划有影响，因而这个时期的规培生很容易出现消极情绪。另外，由于尚未独立执业，规培生需要在带教的上级医师指导下进行工作，并且由于医生的专业性强，有些带教老师不放心直接放手让规培生去处理稍微有点难度的工作，因此规培生大多数只能从事写病历、换药等非常基础的工作，能进行实战操作的机会相对较少，导致规培生的职业成就感较低，自我认可度低。此外，规培生工作时长过长，除了繁重的规培工作外，还需要参加各种理论与实践的考试以获得相应的资格证书，这使得规培生的学习压力变大。这些因素常常影响规培生的心态，进而影响规培的效果。另外，由于规培生通常需要在不同的科室轮转，因此需要不断地接触与学习各个科室不同的疾病处理方法与工作节奏。这需要规培生能迅速适应不同科室的环境，处理好与不同带教老师之间的人际沟通，对规培生而言是个不小的压力。因而，处于规培中的规培生，需要学会调整好心态，明白在短期内自身的教育成本虽然会增加，但这种规培对自己的长期职业发展具有深远的意义。

同时，我们还需要注意到，由于我国地域辽阔，当前区域间的规培质量还存在差异。在东部沿海等经济较发达的城市，医疗水平更高，医学技术更先进，医生接触到的疾病种类更多，医疗机构的师资条件更好，因而对规培的质量要求会更高。而在欠发达地区，由于医院本身的医疗资源匮乏、医疗条件较差，因而培训的资源也相对较少。由此可见，选择一个好的平台进行规培十分重要。如果无法选择到更好的平台规培，医学生在进行规培的时候需要懂得合理地利用资源，并学会克服劣势。

在住院医师规范化培训阶段，规培生需要经历不少的考查与考核。规培生的考核机制主要有：在各科室轮转结束前，由带教老师对所带规培生轮转期间的表现进行书面评价，并且规培生还需要参加出科考试。在规培全部结束之后，规培生需要参加本地的卫生行政部门组织的结业考核。在面对每一次的考核时，规培生都需要认真对待，查漏补缺。

（吕　浩　杜宁超）

第三节　对医学规培的正确认识

我国当前的医学教育体系分为三个阶段，分别是：院校医学教育、毕业后医学教育、继续医学教育。院校医学教育以教授理论知识为主，毕业后的医学教育以实战临床操作技巧学习为主，而继续医学教育阶段则是以更新相关的专业知识及疑难杂症的学习为主。住院医师规范化培训是属于毕业后医学教育阶段。住院医师规范化培训是指医学专业的学生在完成医学院校的教育后，以住院医师的身份在国家认定的规范化培训基地接受以提高临床业务能力为主的规范化及系统性的培训。在国际上，住院医师规范化培训已经比较成熟，目前已经成为大多数发达国家和地区的医学教育体系不可缺失的部分。多国的经验证明，住院医师规范化培训十分必要。早在19世纪末，德国就首先提出了住院医师规范化培训的概念，美国在1876年开始探索住院医师培训制度，之后各国各地区都纷纷开始探索住院医师规范化培训制度。我国卫生部在1993年发布了《关于实施临床住院医师规范化培训试行办法的通知》，于是全国各省逐渐开启了住院医师规范化培训试点工作的前期探索。一直到2009年，卫生部发布了《住院医师规范化培训标准（试行）》，明确规定了规培的时长和其他细则，这才标志着住院医师规范化培训制度在中国趋于完善。至此，规培在全国各级医院全面展开。我国的规培制度随着社会的发展不断调整和完善，不断适应着医疗的发展。

住院医师规范化培训是医学生教育的重要组成部分，是为医院输入临床高层次医师的关键，对于医疗质量与医疗服务的提高极为重要。《住院医师规范化培训标准（试行）》要求，规范化培训的时长一般为三年，这三年中，规培生在二级学科范围内轮转参加本学科各主要科室的临床医疗工作，进行全面系统的临床工作基本训练，通过相应考核后发给《住院医师规范化培训合格证书》。住院医师规范化培训的形式多样，在入职培训（即岗前培训）中，住院医师须学习住院医师的管理与培训细则；进行有关法律、法规和医德教育；学习医患关系与沟通技巧；符合轮岗要求；掌握本专业相关的重点知识技能。在正式上岗过程中，带教老师常会与住院医师探讨典型的病例，提高住院医师的临床思维能力。医院也会时常组织不同的讲座，有助于更新大家的专业知识。在规培过程中，规培生还可以选择性地参与一些学术会议，了解国内外医学科研领域的前沿知识。

住院医师规范化培训是非常有必要的。从人才培养角度而言，住院医师规范化培训有利于为各级医疗机构培养拥有良好职业道德的，医学理论知识扎实、临床技能良好的，并且能够独立、规范地承担本专业常见多发疾病诊疗的临床医师。在临床规培中，规培生有机会接触到大量的不同病例，将书本上的一个个冰冷的理论知识与现实中的真实病例结合起来，使得理论知识更加扎实。规培生能从经验丰富的带教老师身上学习到很多实操技能。这些实操技能都是带教老师们多年经验的总结。作为规培生职业生涯开启的领航人，带教老师们能让规培生在上手的时候少走很多弯路。从医疗体系建设角度而言，住院医师规范化培训有助于深化医疗改革、建立分层诊疗制度、提高基层医疗水平、促进城乡医疗水平均等。不少在高级别医疗机构规培结束后的规培生们，最后会回到乡镇或基层的医疗机构就业。这些规培生们会将在高级别医疗机构学到的先进的治疗方式及手段带到自己的单位中，使得乡镇或基层医疗机构的医疗服务水平进一步提升。医学规培生要在规培期间保持良好的学习心态，将理论知识与临床病例相结合，与上级带教老师多交流多学习，把握每一次实操的机会，多观察、学习与总结，为今后独立上岗打下坚实的基础。

（吕　浩）

第四节　医学规培之成长

在临床规培过程中，医学生的职业能力不断提升，大多数的规培生经过几年高强度的培训，最终都能拥有独立诊疗的能力。

尽管规培生的规培内容与时间相同，但是每个规培生在规培阶段的成长速度却不一样。规培生需要把握规培中的每一个学习机会，让自己快速进步。如何让自己在规培过程中快速地成长起来呢？

首先，在日常的临床工作中，规培生需要积极与患者及家属进行有效沟通，努力完成疾病的诊断，准确选择治疗方案，进行治疗预后判断等，用大量的实际案例不断提升自己的临床能力。唯有通过多练、多想才能达到质的飞跃。尤其是在好的平台规培时，规培生能遇到各种各样的病例，甚至是一些罕见病、疑难杂症等，参与这些病例的诊疗，一定会获益匪浅。其次，医学生还需要与上下级医师和其他医护人员进行沟通与合作。带教老师一般都具有丰富的临床经验，医学生要把握住短暂的规培时间，带着问题与带教老师探讨，并且多询问、多思考，才能在短时间内吸收更多宝贵的临床经验。有负面情绪时，要及时与带教老师沟通，切勿堆积负面情绪，最后导致消极怠工。除此以外，还要争取和珍惜每一次临床实操的机会。一般情况下，由于医学是专业性非常强的工作，有些带教老师可能不放心把复杂的操作交给规培生，在此情形下规培生可以多看、多总结，积累经验，并时刻保持勤奋好学的心态，把握每一次实操的机会，严肃认真地完成每一次的操作，相信一定会赢得更多的临床实操机会。

一个医生在工作早期形成的工作习惯，将会对他今后的医疗行为产生深远的影响，因此在规培中，我们需要不断提升自己在各方面的能力。相信在规培中，医学生只要积极地参与各项工作，主动承担任务，其专业能力、职业道德、沟通能力、团队合作能力等，都能有很大提升。

在专业能力上，通过3年的规范化培训以及通过相关考核后，规培生拥有了大量临床经验的积累，从最初无法将书本上的专业理论知识和实际临床遇到的问题很好地联系起来，无法快速调动专业知识，到最后能快速将专业理论知识用于临床诊疗当中，独自进行诊疗，这就是住院医师规范化培训能为规培生带来的最难能可贵的专业能力成长，这也将为其在未来的职业生涯打下坚实的基础。在职业道德上，规培生在3年的培训中，会遇到形形色色的不同背景的患者，在一次次与患者的用心交流和人文关怀中，相信每一个医学生都会更明白《希波克拉底誓言》，明白医生是一个神圣的职业。在沟通能力上，由于规培生每天都需要与许多病患及其家属面对面地沟通，长此以往规培生就会掌握沟通的技巧，让病患及其家属更容易接受医护的建议，并对医护有更高的信任，这样患者才能在治疗过程中更配合医护的工作。在团队合作能力方面，规培期间常常有很多需要合作的工作，所以如何在团队中发挥出每一个人的所长非常重要。规培生要积极地投入团队合作中。团队成员互帮互助、共同成长，是规培生涯的重要课程。

医之为道，非精不能明其理，非博不能至其约。医生执业的特殊性要求医生不单要有广博的医学知识，还需要有对问题深入研究的能力。医生的学习生涯不会随着规培结束而结束，保持终身学习的态度，才能不断提升业务水平。

（吕　浩）

第五节　医学规培后的深造与就业

在结束规范化培训后，医学生会面临就业问题。不少本科医学生即使手握规培证书，在大城市中依旧难以进入心仪的医院。因此，建议医学生可以考虑继续读研、读博深造，因为学历无疑是医学生敲开理想工作之门的金色敲门砖。

如果本科医学生规培后，没有考虑继续深造，在就业规划上，建议可选择各级医院的产科、儿科、急症等科室。不少高级别医院的这些科室由于人手紧缺，也会招收优秀的本科生。除此之外，也可以选择一线城市的社区医院。社区医院与高级别医院相比，工作量较小，工作时间较短，在社区的岗位上还可以继续进修，不断提升自己。另一个选择是私立医院。当然私立医院虽然待遇理想，但是工作量也比较大，因此需要评估自己的需求。此外，也建议医学生们多选择县市级的医院，这样可以将在规培中所学的知识运用在基层医院中，扎根基层，服务于偏远地区的人民，为偏远地区医疗水平的提升做出贡献。在基层医院里，还能继续深造，读在职研究生或者定期到上级医院培训，通过不同的方式提升自己。这样在基层的岗位上也会有所作为。除了这些传统的医学生就业渠道外，医学规培后，还可以选择进入新的医学就业领域，例如医学新媒体、互联网医疗岗位等，传播有用的医学知识；如果医学生本身具有很强的外语能力，也可以考虑从事医学翻译等职业。

规培结束是一个新的起点。广东大部分医院招聘，都有一到两周的试工，看看你的临床动手能力和思维能力，不像其他地区的医院基本上只要笔试、面试通过就可以就业。所以规培结束后在广东的医院找工作，还是要有点动手能力和临床思维的。

如何做到正确地选择深造或者就业，是一个值得深思的问题，医学生要慎之又慎。有机会深造是最好的选择，暂时没有机会，可以先就业再找机会深造。在医院范围内选择就业有困难时，也可以考虑做医疗相关行业，或者根据自己的兴趣爱好来进行选择。多一个思路，就多一个选择。不要固化思维，可以先就业再择业。尽量不要没有机会就选择待业，最好能边走边看，骑驴找马式地寻找就业机会。不论是哪种就业，都不要满足于现状，要不断地学习和提高自己。选择医疗相关行业，也有很多要学习的地方，所以不论深造还是就业，都不要止步不前、忘记学习。只有不断地学习和前进，才能有更多的机会和更好的发展。

请端正自己的规培态度，在规培期间要沉下心，多实践多锻炼，只有付出才能有所回报，也才能对以后的就业和深造有更大帮助。

（杜宁超　吕　浩）

6 第六章 科研与临床

第一节　医学科研的重要性

（一）

医学科研就是利用人类已掌握的知识和工具，用试验研究、临床观察、社会调查分析等方法探求人类生命活动的本质和规律，以及与外界环境的相互关系，揭示疾病发生发展的客观过程，探寻防病治病、增进健康的途径和方法的探索活动。站在一名临床医生的角度，则可以认为医学科研更多的是利用科学的方法，收集临床数据，用统计学的方法解答临床问题的过程。因此，做好临床研究，可以为我们更好地进行临床工作奠定基础。

我们总是会思考，发表论文是为了什么。我曾静下心来仔细思考过这个问题，直到我在微信公众号上看到一段话“发表论文不是终极目标，终极目标是通过对患者临床特征的分析，发现某些潜在的、有价值的临床线索，对疾病知其然，更知其所以然，从而给患者带来更优化的治疗方案，给同行带来启示与参考，推动医学的进步！”我认为这是最好的答案，同时，这也引发了我对医学科研，特别是临床研究的重要性的思考。医学是医生利用临床经验进行日常诊疗活动，而科研则是科研工作人员进行科学研究。二者看起来毫无关系，然而，现在的医院却努力向研究型医院方向发展。这也解释了医生为什么要做科研。现代医学的发展光靠医生的经验积累是不够的，医学的每一步发展都离不开科学技术的发展。我们的祖国医学博大精深，但是目前在国际的影响力还不够大，需要我们继续利用医学科研的方法将临床经验转变为令大家信服的科学成果，从而扩大祖国医学的传播。

如何开始医学研究？我结合自身经历跟大家分享一些心得体会。我开始接触科研是在研究生阶段。由于我是硕博连读学术性研究生，我可以接受比较系统的科研培训。在硕士阶段，我由科研小白开始慢慢地跟着师兄师姐学习实验技能，积极参与学术会议和课题讨论会，慢慢了解了基础研究是什么、如何进行基础研究，同时也学会了如何解读一篇文献。博士期间，我明确了自己当医生的职业方向，同时不断地反问自己，医生的身份是什么，并经过跟前辈的多番讨论，有了自己对医生的定义：医生既是医者，为患者解除病痛，医生也应该是医学科学家，对未知进行探索，医生还应该是很好的医学教师，把经验、知识分享给学生，这样我们的医学才能有进步。临床研究可以利用已经有的住院、门诊数据进行真实事件研究，同时也可以设计前瞻性队列研究，帮助医生更好地发现疾病规律，发现新的生物标志物以便更好地判断病情的进展和预后，帮助临床医生早期干预从而延缓疾病进展。同时，临床研究可以将上一辈的经验用统计的方式转变成可靠的科学理论，从而实现经验的传播和验证。因此，医学科研有着重要的作用。

如何从不懂医学研究到学会设计课题，最终成功地撰写出一篇文章呢？面对这个问题，对于没有接触过临床研究的医生往往毫无头绪。回想博士期间我也是如此。我了解到了临床研究的意义和重要性，想要学习、进行临床研究，然而却非常焦虑，不知如何开始。思考了半个月后，我决定从文献开始。我下载了两篇我们科室在专科顶级刊物上发表的论文。为什么下载自己科室的论文呢？我当时考虑的是，一样的科研条件，别的教授能做，我至少能学着模仿。下载了两篇高分 SCI 之后，我准备好了统计学和 SPSS 操作手册，把论文中统计学部分提到的统计方法分别记录下来，先从理论开始，把每种统计方法应用的适应证和解释都学习了一遍，利用 SPSS 操作手册学会了如何进行统计分析，随后，我对照着文章中的图和表格，尽量用自己的话语表述出图表想要呈现的意思，并利用文章中的结果部分对自己的理解进行验证。以上的两个步骤帮助我学会了看图和表格，随后我再阅读前言和讨论部分，学到了如何将文章的创新点和临床意义表达出来，从而吸引审稿人的眼球，争取到修稿的机会。第一篇临床论文，我反复读了 10 遍。每次阅读，都有收获。直到把文章都读懂了，我找到了文章的第一作者，科室的师兄进行交流，了解整个课题的流程和遇到的问题，随后我又找到了科室另一个师兄的高分临床论文，将上述步骤同样进行了一遍。两篇文章，花费了我 2 个月的闲暇时间，但是经过以上的学习，我对临床研究有了初步的理解，为后期开展临床研究奠定了基础。经过学习，有了初步的基础，我开始了自己的临床研究。我开始寻找课题，从最简单、最基础的开始，设计了一个样本量相对较少的少见病，开始了建立数据库，随后利用数据库进行统计分析、图表整理，最终撰写了我的第一篇 SCI，随后再写临床文章，并要求每一篇文章都要在原来的基础上有进步，最终慢慢建立了临床研究的科研思维。

以上是我对医学研究的理解和学习如何进行医学研究的过程，希望对大家有所帮助。

（吴丽玲）

（二）

医学科研长久以来伴随着医学的发展历程，其宗旨是探究疾病的本质及其发生、发展与治疗的规律，从而实现消除人类疾病带来的痛苦及延长寿命的最终目的。随着我国经济实力的增长，医学研究从原来的粗放式逐渐演变成现在的聚焦式，并且研究的深度与广度都在不断地增加。

医学科研是基于临床工作的相关数据、结果的研究，深入系统地总结实践经验，从而更好地了解疾病的病理、发展、防治手段等，为日后临床工作的改进提供支持。随着经济社会的发展，患者对于疾病治疗方法的改进提出了更高的要求，而医学科学研究的成果则可以为临床工作提供创新的思路、技术方法与理论的支持。

从医生层面来说，随着医学从业人员的增加，行业竞争力也在与日俱增，于是在临床技能操作水平相对一致的前提下，科研成果就成了提高竞争力的关键因素。当下医疗环境中，无论是职称晋升还是教职评聘都离不开对科研能力的考核，很多医院已经将科研水平列为医生职称考评的重要指标，甚至科研能力强、成果突出的医生可以破格晋升。

从医院层面来说，医院的学科竞争力、科技量值，以及科研能力都成为能否登上医院排行榜的重要指标。同等级别的医院，谁在科研上取得的成果更优异，谁就能在各种排名中领先竞争医院，也可以吸引更多的病患前来就诊，同时也吸引优秀的医学生前来应聘。这样既提升了医院的社会影响力，又增加了学科竞争力，因此各家、各级别医院近年来均加大了科研考评力度。

从国家医疗层面来说，加强医学研究的投入，集中力量攻克某些疾病，有助于减轻患者的身体及经济压力，提升人民的幸福度，从而也减轻了一部分社会负担。最典型的示例即为屠呦呦团队发现青蒿素治疗疟疾。这一突破性发现既解决了疟疾这一人类历史进程中的难题，同时也使得我们的成功经验帮助到了备受疟疾困扰的国家及地区，并且这一发现也得到了世界的认可，于 2015 年获得诺贝尔奖。

一位合格的医生，除了要拥有临床专业技能外，还需要有科研的想法和决心，敢于创新和实践，担负起推动医学知识与技术创新和进步的责任。培养具有科研能力的医学人才，是促进医学学科建设和培养高素质的医疗人才的关键。

能与临床结合的科研才是最好的科研。具体来说，就是医生在临床工作中发现问题，再结合科研思维和方法，将临床研究科研化，做出比较好的临床研究。目前科研在临床中的作用也越来越重要，国家自然科学基金项目也增加了临床相关的内容，着力让科研落地并服务于临床。所以作为一名医生，单纯做基础科研也可以，但那样不能充分发挥临床医生做科研的作用，也起不到应有的科研效果。笔者所在的医院现在也开始启动院内临床研究项目，希望通过临床研究，做出一些可以指导临床实践的研究成果，或者能将研究成果应用于临床。

总之，科研成果就像是给临床插上的翅膀，可以让你的临床工作腾飞。临床医生做科研，不要把大部分精力投入科研而荒废了临床。临床工作毕竟是人命关天的事情，一定要多实践、多练习，不要认为我很快就能干好临床。特别是有些博士后学历的医生，如果要参加规培和做住院医生等，一定要放低身段，踏踏实实地从最基础的工作做起，不要眼高手低，好高骛远，那样别人不会信任你，也不会把机会交给你，严重时可能害人害己。

科研和临床相辅相成、互相促进，所以现在的青年医生或医学生，一定要两手抓、两手硬，最终让患者和社会受益，让自己成长为一名研究型医生。

（吕　浩　杜宁超）

第二节　临床实际操作的重要性

一名合格的医生，必须掌握临床实际操作技能。医学是一门应用型的学科，具有很强的实践性。医生的社会责任就是救死扶伤、防病治病、维护人民健康，因而医生不仅要有扎实的理论知识，还应该具备良好的临床实操技能，才能够有足够的能力为患者排查疾病、治疗疾病、疏导心理。在临床实际操作的过程中，医学生不仅将医学理论知识运用到实际当中，还要在实操过程中不断进步，提高自己的技能，除此之外，还要在实操的过程中掌握与患者沟通的技巧。

在临床实际操作中，医生们需要具备以下素质与技能。

一、职业素质

医生需要有维护良好医患关系的能力。医生需要有良好的医德医风，善于并主动与患者沟通，要给予患者人文关怀，让患者信任自己，这样患者才能够配合后续的治疗。良好的职业素养是每个医生需要具备的基本素质。

二、病史采集

在取得患者的信任以及有了良好的沟通之后，医生需要进行病史采集。这是诊治疾病的第一步，非常关键。医生如果能获得患者全面、可靠的病史资料，对之后的疾病诊断和治疗意义重大。因此在询问病史过程中，医生需要掌握全面、细致、准确的病史采集方式，这是作为合格医师非常重要的技能。

三、体格检查

在临床实际操作过程中，医生会为患者进行体格检查，在这个过程中，能学习到体格检查的系统及规范的方式，以便对病情做出正确的判断，判定病情的变化。

四、基本操作

在临床实际操作上，大量的基本操作机会，可以让医生们迅速地提升基本操作的能力，进一步提升疾病的诊断和治疗。

五、辅助检查

医生要能选择合适的辅助检查，以便对疾病的判断及病情变化做准确的判断。

六、病例分析

医生在实操过程中，须通过对患者的临床资料进行分析、研究，并结合自己的基础知识及临床经验，对疾病做出判断，形成初步的诊断，为疾病的救治提供依据。在临床实操过程中，医生们不断重复这些操作，进而不断提升自己的操作技能，从而提升整体的医疗服务水平。

其中最重要的是与患者的沟通和交流，还有就是自己对“三基”即基础理论、基础知识和基本技能的掌握。毕业后，基础理论和基础知识应该在学校有很好的掌握，进入临床后主要侧重于基本技能的训练，如沟通技能、操作技能、手术基本技能、治疗技能等。如在术前要和患者有充分的沟通并签好知情同意书，否则容易导致医患矛盾。基本操作如三大穿刺即胸腔穿刺、腹腔穿刺、腰椎穿刺，以及导尿、胸腔闭式引流、腹腔引流等操作，须掌握。同时要熟练各个部位的查体，如胸部、腹部查体等，还有要学会如围术期患者的处理，以及补液、营养等知识，只有这样才能较好地开展临床工作。

在临床实践中，要做到“三勤”，即口勤、手勤、腿勤。口勤就是要多问问题，善于发现问题，问高质量的问题。手勤就是要多练，包括写病历、基本操作和手术技能等。有些学生只满足于目前电子病历的粘贴复制，关上电脑很多东西都会忘记，所以一定要动手多写几份病历。腿勤当然是要多跑腿，多往医生办公室和护士站跑，有时甚至帮老师跑个腿拿点东西什么的。付出总会有收获。

在临床实践中，遇到不懂的现象或自己解释不了的病情，一定要记得先去查书，特别是教科书。通过实践找到问题，再做到理论结合实践，理论指导实践，做到知行合一。通过这样反复的实践和基本知识的学习，你一定能够快速成长，成为一名可以独当一面的医生。

（吕　浩　杜宁超）

第三节 正确处理临床与科研的关系

医学临床及科研工作是现代医学和医生所需的两个重要工作内容，就像是人的左膀右臂，缺一不可，而且这两个工作是相辅相成、相互促进的。

对于大多数临床医生而言，由于临床工作量大，因而时常无法顾及科研工作，并且会出现临床与科研脱节的现象。如何处理好科研与临床的关系尤为重要。作为医生，应该首先练好医疗技术和本领，做到能处理好临床患者，为患者准确和科学地解决病痛，不要按下葫芦浮起了瓢，做头痛医头、脚痛医脚的事情。干临床工作要透过现象看本质，要看到疾病发展的规律，前瞻性地处理一些临床问题。笔者也曾多次遇到有些医生，患者腹泻了开止泻药，头痛了开止痛药，发热了开退热药，而不去探究疾病的原因和可能出现的下一步发展。例如，给患者止泻后患者出现严重便秘，给患者开退烧药患者退烧后出现腹痛等，延误或加重病情。所以作为临床医生，我们应该以临床工作为基础，看好病、做好手术，踏踏实实地做一些对患者有益的临床工作。

科研对于医生而言，是重要的，同时也是锦上添花的事情。我们有些医生可能临床工作经验丰富，但讲不出来自己的成体系的科学研究成果，仅限于经验而已。所以这就涉及一个科研的问题。而对于医生，最好的科研是从临床中发现问题、提炼问题、设计课题、收集数据、分析统计数据、写成文章发表，这才有了一个科学严谨的科研成果，而不是局限于自己的经验和感觉。所以科研是对临床经验和工作的一个升华。没有好的临床工作，患者数量太少，很难做出比较科学和客观的科研成果。也不是做的患者越多就越科学可靠，太多了也会浪费大量的人力、物力，也可能出现一些不必要的误差或错误。所以在临床科研中，样本量和课题整体的设计是至关重要的，同时也包含伦理、知情同意、医患合作、医护合作、随访等多种问题。所以一个好的临床科研，需要投入巨大的人力、物力和财力等，多中心的临床科研更是如此。

如果医学科研工作中，研究成果要能够指导临床工作，提升临床治疗水平，而不是发一堆论文，没有任何实际应用和指导价值。作为中国的医生，在做临床研究时，拥有庞大患者资源的优势，因此医生在临床上除了专注于治病外，还要多思考、多总结、多研究、合理运用临床中患者的相关资料与数据，对疑难杂症要有攻克的决心，为临床解决实际的疑难问题，并通过科研去推动临床的创新与进步，也使得科研的成果最终在临床得到检验和应用。为了解决应用研究问题，也有必要开展基础研究。基础研究需要与应用研究紧密结合。作为科研型医生，切勿为了绩效考核等原因，做一些无法实现临床转化的“水”科研，更不能贪图方便快速地在一些公司手中买论文和科研服务。此外，医生可加强与科研能力较强的医疗机构的联系，实现资源的共享，为科研工作的开展提供良好的资源和技术支撑，从而提升科研的效率，让科研更好地服务于临床工作。医生在进行科学研究的时候，还需要多与国际交流，学习和吸收国外的相关研究经验，并结合本土实际情况，提高科研水平。

要做一名研究型医生，同时要多阅读最新的国内外文献，把握临床和科研的前沿，结合自己医院和科室的实际情况，可以申请课题，申请新技术、新项目，申请专利等，从各个方面来提升临床和科研能力。将临床和科研紧密结合，才能让临床走得更远，才能将科研推向更高的高度，达到知行合一、互相促进、互相推动。这对患者、科室、医院、社会以及医生个人都有极大的益处，同时也可以提高自己的学术地位，让多方受益。只不过要做好这些事情，要像鲁迅先生说的那样，“把别人喝咖啡的时间用在写作上”。水滴石穿，绳锯木断。临床和科研都不是一蹴而就的，要持之以恒，日积月累，才可能看到一点回报。

（杜宁超　吕　浩）

第四节　临床和科研的平衡

（一）

临床和科研的平衡。很多医生拿到这个命题时，可能觉得这是一个假命题，觉得不太可能平衡。但是，作为一名临床医生，我们不应该逃避这个问题，而是应该选择正视这个问题。看病和科研并不矛盾，两者应该相辅相成，互相促进；在提升临床技能的同时，重视科研能力的培养，这样才能在临床工作中找到合适自己的位置，提升自己。

如何做到平衡，我想跟大家分享几个观点：

第一，以临床研究为主。如果想要临床和科研相结合，特别是在自己还没有成为导师，同时进行基础研究的平台相对有限时，我建议大家以临床研究为主。临床研究不像基础研究，需要我们全职地在实验室进行一系列的科学实验，才能一步一步将研究推进。临床研究的好处就是我们可以在平时的临床工作中发现问题，提出科学假设，同时我们可以利用碎片化的时间进行患者的入组、收集数据、分析数据等工作，进行论文写作的时候，我们也能从医生的角度写出更具有临床意义的科学论文。这样不仅进行了科学研究，同时也帮助我们更深地理解了临床问题，以便更好地为患者进行诊疗。

第二，在导师的带领下学习如何做科研。还没有接受过科研培训的各位同行，可以努力提升学历或者寻找一个指导老师指导自己一步一步完成课题。我在本科时也是科研小白，刚开始进入研究生阶段时，还看不懂论文，对进行科研有一种恐惧感。这种恐惧感阻碍了我学习科研，但是当我去听了一些大咖的学术讲座之后，他们呈现科研成果时如同讲侦探故事一样，一环扣一环，逻辑思维清晰。慢慢地，我克服了对科研的恐惧，同时，带着对科研的渴望，我在导师的带领下开始学习如何发表一篇临床文章。我从阅读大量的文献开始，慢慢地学习课题设计，利用零碎时间录入数据，学习统计分析，最终学习撰写文章。当完成了第一篇临床文章后，开始第二篇临床文章的研究时，我已经慢慢地从一个执行任务的学生转变成一个课题的设计者，尝试着设计课题、承担课题。在不断跟老师们的讨论、探索和实践中，我学会了如何去把控一个课题，处理好每个细节。所以科研就是这样子，在不断的摸索和学习中进步，让自己慢慢地学会。功夫不负有心人。只要下功夫，就一定会有收获。

第三，想要成为一名优秀的科研型医生，首先要成为一名优秀的临床医生。一名优秀的临床医生，必须学会跟患者沟通。这个能力对您后期进行科研入组有很大的帮助。同时，一名好医生必须勤于笔耕，善于把自己的经验进行总结、传授。病例报告和病例系列报告，是最好的临床和科研的链接。我们通过大量的阅读文献，了解人们对疾病的整个认识过程，同时通过病例报告或者科研报告的方式表达自己的理解，这是最好的训练自己分析能力和语言表达能力的方法。一名优秀的临床医生，必须时时刻刻带有好奇心，通过大量的阅读去解决问题。在解决问题的同时，我们需要不断思考，寻找有待解决的有意义的临床问题，为我们后期开展课题提供想法。

第四，研究型医生并不是终极目标。很多人说，研究型医生是将主要精力放在科研的临床医生。他们将自己职业定位在开拓创新与服务社会，被称为 physician-scientist（医学科学家）或 clinical investigator（临床研究员）。然而我认为，我们需要做的是在临床和科研工作中找到平衡点。那么如何寻找平衡点呢？我想我们首先必须明确地问问自己，我到底希望到达什么水平，以及什么样的过程是让我高兴并且有收获的，进行科学研究是否能带来满足感和幸福感。临床研究是漫长的过程。有初步想法→研究设计初稿并反复讨论→伦理审批→研究注册→入组→分析数据→撰写文章。如果您不能忍受寂寞，不能忍受困难和挫折，不能享受独处的快乐，那您也无法体会科研带给您的满足感和幸福感。完成高质量的临床试验或者发表高影响力的文章肯定能让我们感到快乐。但是，最持久的幸福感应该是我们在临床研究的过程中经历各种困难，最终一一解决；每一次和受试者谈话、录取临床数据；学会统计方法并解释临床问题；课题方案修改、对课题结果的期待；最终成稿、投稿、一次一次查看投稿状态、一次一次回复审稿人的意见、文章最终发表；在专科会议上分享结果、与同行切磋……我们只有享受过程中的一切，才能体会到科研带给我们的满足感和幸福感。

临床和科研的平衡，每个医生心中有一把秤，每个人有适合自己的平衡点。只有不断地尝试，不断地努力，才能找到最适合自己的平衡点。让我们为了成为更好的自己一起努力！

（吴丽玲）

（二）

近年来，随着国家及各级医院对科研的重视，科研成为众多医生职业道路上不可忽视的重要晋升条件。同时，很多医学生在本科、硕士及博士学习阶段将绝大部分时间用于科研。这虽然有助于取得一定程度的科研成果，帮助他们进入高水平医院的临床科室，但是，由于缺少临床经验，很多医生逐渐变成了所谓的“不会看病的高水平医生”。他们学历很高，却只注重搞科研、写文章，但却不太会看病。

医学科研固然重要，它能够帮助医生不断地进行知识积累，将临床诊疗中发现的问题用科学的方式解答出来，促进学界进步的同时进行自我提升。但万事逃不开物极必反的规律。我们可以看到，有的医生、医院过分重视科研，把主要精力放在科研上，甚至将医院变成了科研机构。这种将大量的人力、物力投入科研的结果必然是医疗水平的下降，对患者的救治效果不佳。我国教学医院患者人群数量庞大、涉及病种多样，同时不缺乏疑难病症及罕见病例。这些数据是医学科研的宝贵资料。医生要有对这些病例进行收集、随访及分析的意识。对这些临床资料进行回顾性及前瞻性的科学分析，进行医学研究，就能将临床与科研结合起来。医生需要合理规划临床与科研的工作时间，并学会相互协作，寻找研究方向相同的同行，通过实验分工等方法，提高科研的工作效率。除此以外，还可以多学习生物信息学知识，以便获得更深层次的实验数据，为医学科研提供有效的研究信息。

其实，临床与科研从来都不冲突，重要的是要处理好花在二者之上的时间分配。要清楚地认识到医生的主要工作一定是临床工作，科研只是与之相辅相成的另一项工作。要带着科研的思维去从事临床工作，发现问题后用科研手段研究并解决这个问题，最后将科研成果应用于临床诊疗工作才是良性的临床与科研循环。

总而言之，做医生的本职工作是治病救人，这个原则是不能变的。为患者提供高质量临床诊疗服务的同时，带着发现问题的眼光，找到问题并且应用科研思维去分析、制订研究计划，之后应用科学的研究方法进行临床或基础研究，在得出问题的结论后用科研成果指导临床工作，这才是一条平衡临床与科研的良好途径。

（杜宁超　吕　浩）

7

第七章 检验

第一节　检验专业医学生的成长

检验工作是医疗工作中的一个重组成部分。随着信息化、自动化、智能化流水线的出现，检验效率和质量得到了极大的提高，但同时，专业技术人员的作用也在某种程度上被弱化。这让一些不从事这个专业的人员感觉临床检验是很简单的工作，是程序化操作，没有什么技术含量，只要有仪器就可以进行。其实并非如此，我们以新冠核酸检测为例，即使是全自动的核酸检测一体机，看似只需要把样本送进仪器，数个小时后结果自动导出即可，但实际上这个过程是由一系列步骤组成的，可大概分为样本采集、样本运送、样本处理（核酸提取）、核酸扩增、产物分析和结果报告及其解释等。即使检测的室内质控在控，以及年度室间质评合格，也有可能出现大量的假阳性或假阴性检测结果，这就需要检验专业技术人员来最后把关。只有由技术人员来负责检测前、检测中、检测后的每一环节，才能发出准确而对临床有指导作用的报告。如果高度怀疑患者呈阳性，但核酸检测呈阴性，应告知临床可能引起“临床假阴性”的因素，下一步的检查路径是什么，以及我们还能提供哪些进一步检查手段。

要改变检验工作的现状就得依靠现有的检验工作者以及未来的检验工作者。检验专业医学生是我们检验行业的希望。虽然本科检验专业目前是四年制，只授予理学学位，但我们的学习不能局限于纯粹的检验技术而没有一点医学知识，特别是在目前检验工作以自动化仪器为主的时代，如果学生单纯学习检测技术，工作之后将面临被淘汰的风险。未来的检验，质量保证是检验的基础，加强与临床的沟通是检验的生命。

检验专业医学生的学习分为两个阶段：学校理论学习和医院实践学习。在校园里进行的理论学习非常重要，很多同学在经历了高考前高强度的学习之后，产生了懈怠的思想，认为在大学里就不必起早贪黑读书，可以轻松愉快一点。其实不然。只要我们选择了学医，无论哪个专业，学习之路都十分漫长。

无论是否学医，英语都是必修课程，提升英语应用能力对未来的工作及发展都十分重要。现在的实验室仪器一般都以进口的大型仪器为主，全英文操作界面；职称晋升、聘任需要进行英语考试；高质量论文、出国交流或深造则要求更高的英语水平。检验专业本科生在校期间可以通过全国大学英语六级考试，有兴趣的还可以深造专业英语，这对于未来就业也有一定的帮助。现阶段检验专业的主要课程有：医学统计学、人体解剖学、内科学、生物化学、生理学、病理学、临床基础检验、临床免疫学检验、临床微生物学检验、临床生物化学检验、临床血液学检验、临床分子生物学检验等。我们除了掌握检验技术的相关知识，还需要加强临床知识的学习。这样可以更多地从检验指标入手，了解每一个指标的“来源、去路、在体内的作用、疾病的关系”四个方面的内容。例如学习“黄疸”这一章节，要归纳总结胆红素的来源和去路、分类、在体内的循环过程、代谢异常时与疾病的关系、检测方法，以及检测局限性等。这些知识的掌握，除了靠课堂学习的日积月累，更需要每天泡图书馆，多归纳总结做笔记，真正理解了才能牢记。当年我在校园学习时，也曾是一位勤奋的学生，晚上及周末基本都是在图书馆度过，但是当时并没有很好地理解这些课程的关联性。每学一门课程每一个知识点我都死记硬背，没有弄清楚来龙去脉，虽然考试分数高，但只能有考前记忆，考后一片空白。学校的老师有丰富的理论知识但却缺乏实践经验，课堂上的教材是成熟的知识但同时也滞后于专业的发展，因此到医院实习了解检验的现状和实际情况是十分必要的。实习期间你会进入真实的临床世界。患者的真实结果远比教材中复杂得多，疾病的发展过程是非常微妙的。比如，教科书中认为，溶血性黄疸是间接胆红素升高而直接胆红素正常，其实少数肝细胞受损时摄取血液中的间接胆红素能力减弱，也会表现为间接胆红素升高而直接胆红素正常，表现类似于肝前性黄疸但实质上是肝性黄疸。另外，实习期间学生也要做到胆大、心细、脸皮厚。记得我自己刚实习时，遇到一个年纪与我相仿的患者来取容器检查精液，我一时害羞难以开口，在旁的带教老师上前讲述了留取精液标本时的注意事项，替我解围。从那以后我就理解了什么是患者面前医生无男女之分。实习与在校学习不同，在校老师是主动传授知识，实习老师由于工作繁忙，通常只能传授一些必备操作技能，无法系统地梳理全过程，因此要自己多思考、多问为什么、多翻阅书籍和文献。遇到特殊结果时，要多与带教老师沟通，有需要时与临床联系，了解病患情况。

经过 3 年的理论学习和 1 年的实践学习，要能充分认识检验专业的重要性，不仅要掌握临床医学和检验医学方面的基本理论知识，更要把检验与临床有机结合起来。检验配合临床，可大大缩短患者就诊时间，同时提高诊断准确性，减少误诊。为临床提供及时、可靠、具有指导性意义的实验报告，就是检验专业最大的价值。

（刘秀卿）

第二节　检验专业医学生的岗培与就业

关于医学检验的起源，最早可以追溯到6000多年前。据相关资料记载，糖尿病患者的尿液可以吸引蚂蚁。古人通过对尿液物理性状的观察来辅助疾病的诊断。如今，随着基础医学和临床医学的飞速发展，许多新的技术、新的理念、新的管理模式均已融入医学检验实践，使检验医学发生了质的变化，转变为“医学检验”，其服务范围、学科建设内涵、技术人员的知识结构和专业设置均发生了相应的变化。更为突出的是，医学检验各专业均设立了技术系列和医师系列专业技术职称。

最初，医院检验科或临床实验室只是负责标本的检验，不负责解释，检验结果供临床医师参考。现在检验科建立了临床咨询的制度和职责，加强了实验室人员与临床之间的联系，促进交流和共同提高，从而更好地解读与运用检验结果。虽然检验科已配备了检验医师，但数量少，而且检验技师与检验医师的工作职责根本无法明确区分。因此无论是检验技师还是检验医师都要以检验医师的规范严格要求自己，才能不被行业淘汰。

检验医学生毕业后如果没有找到合适的工作，可以到三级甲等综合医院当岗位培训生。岗位培训可以为毕业生胜任临床检验工作做铺垫，提高就业竞争能力。有人认为，岗位培训生相对于在工作中付出的劳动，获得的酬劳太少，但付出劳动本身也是一种机会。通过培训，岗位培训生可以增强在多元的知识结构和文化环境下适应社会的能力，可以缩减适应工作的时间，加快后期融入工作的进程。岗位培训往往都是通过轮岗的方式，参与科室全面的一线工作，这对于各方面的能力开发和提升都有很大的帮助，有助于自身的成长。

一般医院检验科下设六个大组：生化检验组、临床检验组（包括血液组和体液组）、微生物组、免疫检验组、分子生物组、急诊检验组。每个专业组都有各自的特点，大家可充分利用轮转的机会学好本领，又或者从实践中发现自己的工作方向。

我们每天产生海量的检验结果，首先我们自己要看懂发出的报告，要懂得和临床医生或护士沟通和交流。以检验的生化专业为例：在临床中生化检验多数实现了自动化，表面上都是仪器在做分析，我们只是在简单地操作机器而已，而实质上我们在审核生化结果时，面对堆积如山的数字，需要用到组织学、生理学、临床生物化学和内科学等相关医学知识，因为有时相同的结果在不同的患者身上意义完全不同，而相同的疾病在不同的患者或同一患者不同的疾病发展阶段其结果和表现也不同。对一些“正确”的错误报告，自动化是无法辨别的。比如，日常工作中，由于高钾结果对临床诊疗行为有重大影响，因此我们审核血钾增高的报告时非常慎重。首先会先排除引起血钾假性增高的常见因素：①标本溶血（红细胞内 K^+ 浓度是细胞外的 30 倍）；②不规范采血（输液补钾时采血，甚至在输液端抽取标本）；③误用 EDTA-2K 管采集标本，随后又倒入干燥管；④未及时送检（红细胞内 K^+ 缓慢释放至血清）；

⑤仪器不稳定，误检。这些明显有误的结果，在发出报告前应由检验人员和临床医生进行沟通和交流，解释这种结果出现的原因，并提出相关的解决办法或替代实验。

检验科还有一个众人都嫌弃但又非常重要的岗位，那就是前台。前台的工作烦琐复杂，似乎没有技术含量，还容易被投诉，但它又是全科的前沿阵地，关系到检验质量的标本首先就由这里把关。同时前台是对外服务的窗口，展现了我们专业的医疗服务质量。在前台会遇到形形色色的人，有彬彬有礼的，也有蛮不讲理的，甚至还有破口大骂的。与各种人打交道可以提高我们的人际沟通能力以及忍耐力，同时也能培养医德。当你面对患者家属迫切需要检验报告时，他那种无助、担忧的神情，会让你产生高度的责任心和同情心，督促你一切以患者为中心，及时出具准确的报告。

岗培期间，如果表现突出则可能直接被岗培单位录用就业，也有更多的机会被推荐到别的医院就业。我个人认为责任心强、不怕累、不怕加班、爱学习、勤思考的人，无论在哪里工作都备受欢迎。岗培期间，个人也可以重新规划自己的人生，思考一下是投入社会还是继续深造。如果决定考研，可趁此阶段好好复习备考。由于岗培生尚未获得检验资格证书，不能审核报告，因此一般只参与辅助工作，压力和工作量均不大，有充足的时间用于学习。

另外，伴随人类基因组学和蛋白质组学的研究，大量与疾病相关的生物大分子不断地被发现并走进临床，检验技术已广泛应用于疾病的筛查、预防、诊断、个体化治疗、疗效监测和疾病预后，成为医生不可或缺的助手。一些研究表明，临床医生医疗决策所需的信息中约 70% 源自医学实验室的各类检查。医学发展的实际需要，也使得检验专业医学生具有很大的发展空间和市场需求。

检验专业医学生的就业方向多元化，主要分为以下几个：医院检验科、输血科、临床科室实验室（如血液内科血液研究中心、皮肤科实验室、内分泌科实验室等）、中心实验室、生殖中心实验室、病理科实验室等；各级疾控中心、血站系统、海关检疫；政法机关、司法鉴定机构；第三方独立医学实验室；医药公司、医疗诊断企业机构和保险公司。可以从事的工作类型也较多样，可以从事检验技术、科研、管理、医疗设备维修、试剂研制及营销工作等。

（刘秀卿）

第三节　检验专业医学生的就业与深造

一、就业篇

目前，检验医学生的就业相比其他行业较好。通常，检验医学生的就业无外乎医院、公司、科研单位和医学院几条路，在每条路上每个人做出的选择决定了自己的起点在哪里。

每个人家庭条件不同，还需根据自身情况去评估自己做什么合适，再从可选的选项里选自己喜欢的道路。兴趣是职业生命的动力与源泉，一个感兴趣又适合的选择当然是最理想的，然而现实常会骨感很多。接下来将从几个方面分析一下利弊，观点仅供参考。

第一，进医院。医院分三甲、二甲……各种等级，三甲里还有知名大医院和区级三甲。不同等级的医院对检验医学生来说还是非常不同的。顶级大三甲，往往会有最好的设备、最全面的项目、最齐全的病种、最优秀的医生团队、最厉害的同事，当然，你如果是最厉害的博士或硕士，进这样的三甲也是不错的，你可以非常容易地学到最新的技术、得到最好的带教老师指导、使用最齐全的科研设备。这个是理想的状态，能进这样的三甲的人，凤毛麟角。绝大多数人会到基层医院。基层三甲也算是好的，最考验人的是基层的小医院，也许甲级都不是。这样的医院里也有努力奋斗的人。永不停歇地学习，是不断提升自己的不二法则。选择躺平的人，开心就好，对成绩就不能有太大期望，毕竟投入和产出是成正比的。收入也不能只看绝对的数额。一线城市收入相对高，房价也高，租房子也是普通人的必然过程，但未来的各种学习晋升的机会相对较多，眼界视野也会更宽广，选择在于想躺还是想卷。

第二，进公司。公司分第三方检测机构、仪器设备公司、综合大型公司、小代理公司等。好的第三方检测机构工作量也相当饱和，病种也多，水平与从业人员的水平密切相关，工作环境相对一般医院会好一些，待遇看你所在城市的消费水平及所在企业的盈利能力，需要你自己去了解。仪器设备公司里有相当一部分应用工程师是医学检验专业的。在这种公司里工作，同样需要努力学习技术，毕竟提升自身能力是最强招牌，做得好的人，能做到总监及以上。相比医院，企业可能会有挣更多钱的可能，大部分时候周末不用上班及假期加班，但是不定时加班及突击加班会比较常见。医院工作在取得学术成就及提高社会影响力方面相对来说有更多机会。大型企业和小型代理公司也不同，大型企业对员工要求比较高，996（每天上午九点上班，晚上九点下班，一周工作六天的工作制度）、007（每天零点上班零点下班，一周工作七天的制度）概率较大，小型代理公司相对轻松，当然，收入也不一样。

第三，做科研。如果真正喜欢科研，天赋异禀，做科研是个好选择，而没有建树，没有想法的人，在大学和研究机构会非常煎熬。身边厉害的同事都可能 30 岁不到就评上正高职称，没有能力的人可能一辈子都是初级职称，或者直接被淘汰。没有建树，意味着你很可能就没有学生，更不用说优秀的学生，没有人帮你做实验，就更难出成果。好的导师可以有各种层次的优秀学生，使得好的想法更容易实现，取得丰硕成果。所以，做科研的收入相差也可以非常悬殊。

第四，做老师。首先，讲课要好，其次，大学里做老师也是要考核科研水平的，寒暑假也是要做实验的。

其他，转行。医学行业里有很多人转行。有数据显示，每年医学毕业生只有大约 20% 的人进医院从事医学相关工作，80% 的人选择了转行。有志于在医疗行业工作的人，请八仙过海，各显神通吧！

二、深造篇

关于深造，很多人有误解，认为只有专门去进修学习或者出国才算是深造，其实不然。学习伴随终生。

第一，互联网大大方便了大家学习深造，降低了学习新技术、新方法的门槛。有很多好的公众号，里面有各种系列的讲座视频，有各种案例分析。养成习惯，每天听一课，每天至少看 3 个案例，日积月累，对成为某个领域的精通者是有帮助的。碎片化学习是一个非常好的手段。

第二，系统地进修学习。目前很多大医院都会有专门的经费，供医生们学习进修。系统地学习是必要的打通节点的手段，有机会一定要自己争取。机会不会主动找上门来，只属于有准备的、有想法的人。尽量完善自己的知识体系，一次进修不行就多次、多地进修，将各个感兴趣的相关方面补齐，毕竟只有集齐七龙珠才能召唤神龙。

第三，在职读研或读博。学历的提升也是前进的必要手段。如果家庭条件允许，允许读书读到 28 岁，规培到 30 岁，也可以一鼓作气读完博士、完成规培，是最有效的提升。但是如果家庭条件不允许，还是早点工作缓解家庭负担比较负责任，在职提升学历也是可行的，对于晋升还是有所裨益的。工作期间发表的论文也可以作为晋升的条件，有一举多得的妙用。

（王　莹）

第四节　检验专业医学生的科研

在写这部分内容之前，我要再次强调诚信的重要性！总有人想走捷径，也有人多次成功过，但常在河边走总会有湿鞋的时候，而且爬得越高，跌得越重，不要低估大数据的能力，以及被别人清算的可能。没有经过努力轻易得到的东西，不会刺激你体内产生内啡肽，只有经过痛苦的修炼得到的成果，才会使大脑产生大量的内啡肽，给你带来持久的满足、安宁及正向激励。要想走得远，行得端坐得正比什么都重要。真本事是你的铠甲，而偷来、抢来的成果将是一颗地雷，不知道什么时候会炸掉。

关于检验医学科研，需注意：

第一，如果你在体制内，想晋升，科研成果是必需的。道理如同高考，尽管也不能保证绝对公平，但只要你的成果足够多，质量足够高，是你的终究是你的。切忌急功近利。如同海的女儿，想要双脚，就要舍去歌喉，变成泡沫。不劳而获的东西不能碰。

第二，怎么去做科研。相信普通工作者都会有这样的困扰。平时工作忙，回家只想躺平。写东西不知道怎么下手，干脆还是打游戏比较开心。有机会你可以观察一下硕果累累的同事，他们在做什么。世界没有捷径，成果都是努力实干而来。有两种不同的人。一类本身就是博士、硕士，刚好导师非常好，为他们培养出了良好的科研习惯和方法。这类人只要坚持走下去，他们可以做得很好。另一类就是本身没有受过系统训练，只知道需要做。他们努力去尝试，当然也会有一定的成果，虽然效率没有第一类人高，但反思这个过程，其实最重要的还是积累。量变会带来质的变化。方法如下：

利用碎片时间学习，积累你的想法。很多人不知道自己想要做什么，也不知道能做什么。《孙子兵法》里说，知己知彼百战不殆。你什么都不会的情况下，知道别人做什么就很重要了。每天坚持浏览至少 10 篇文章，精读 1 篇，不明白的地方搜索一下，就能明白个大概。实在感兴趣的点，可以通过关键词搜索相关的文章。看得多了，心中自有判断。水平高的可以看看行业顶尖杂志，英文原版，对提高英文水平也有帮助；水平一般的看看国内的文章，什么内容出现的概率很高，很可能就是热点。

充分利用学科优势。检验医学生做科研还是有优势的，至少手里平时工作的数据就非常多，令人感兴趣的案例也很多，深入挖掘一下各种关系就能写出最简单的文章，而发表高分文章就需要更强大的逻辑关系及手段了。有延续性的研究可能会涉及一些基因、分子生物学、各种组学与疾病的关系及机制，如果你有条件做实验，都没有问题；如果没有条件，就可以改变你的方法或用不同的角度去阐释一个问题，提出新的见解也是可行的。归根结底，多看，多学，不懂可以问问乐于分享的高手们，抱团向前，还是很占优势的。有很多做得好的科室，每周会有一次读书报告会。在会上分享一下自己读到的感兴趣的文章。想做什么，大家可以一起提提建议和意见。

学习写好专利。很多人觉得专利非常难写，这个确实有门槛，比如，要会写技术交底书，甚至要会写法律文书。但是万事只要去学，就没有什么难的。可以查阅专业的教材。相信各位学医的同事学习能力都很强，技术方面都不是问题。国家知识产权局有官方网站，注册后可以下载任何一篇公示的专利。看得多了就会写了，照猫画虎容易。切记规避同类型的专利，跟别人重了就是严重的错误，不管是想法还是范围，能避免重复就成功一半了。最关键还是要有好的想法，过程可以与专利工程师沟通。

学习写好课题。需要有一定的传承。有老师或者师兄师姐带一下，会对你很有帮助。与能干的小伙伴搞好关系，必要的时候形成合力，非常重要。另外，如果你已经把课题需要做的大部分完成了，有很多文章和专利了，你申报课题通过的概率就会高很多，否则，很难得到支持。毕竟是有资金支持的，能否完成既定目标，顺利结题也是一个考核指标。

以上仅是个人拙见，仅供参考。

生命不息，学习不止。既然选择了当医生，学习就是伴随终生的事情，每天看看新动态、新进展，想法就会自然出现，不要走捷径，日后大数据可以分析一切。平地既能起高楼，也能一朝回到解放前。

（王　莹）

8 第八章 护理

第一节　正确认识护理专业

当看到护理这两个字的时候，您的脑海里会浮现出什么呢？是不是一个头戴燕帽，身穿白色工作服，在给患者打针的身影呢？其实，护理包含的内容可远比公众脑海中的想象要多得多。

在古代，患者生病被认为是受到神灵的惩罚，会由巫师、祭祀法师等神职人员通过做法、祈祷等方式来治疗疾病，而护理就是家人给患者的最基本的生活照顾。而后逐渐有医、药、护一体的医者产生，由医者兼顾着护理的角色。比如，我们中国古代的中医，既可以给患者看病、用药，又会教患者什么食物能吃，什么不能吃等养生之道。之后，西方教会的发展启动了护理发展列车的车轮。不少教会建立了医院、救济院等慈善机构，很多教徒本着慈悲与怜悯之心，开始承担照顾病患的工作。照护者多由普通妇女担任，她们没有受过任何医疗知识培训，也没有经过照护技能训练，照顾病患的内容也仅限于提供基本生活照顾。19 世纪，德国牧师西奥多·弗里德纳成立了第一所女执事训练所，开始了最早的护理人员培训。整个培训为期 3 年，并以他编著的《护士教育记录》作为最早的护士教科书。世界闻名的近代护理的创始人南丁格尔就是弗里德纳的学生之一。南丁格尔出生于英国的名门望族，受过良好的教育，立志投身护理工作。在克里米亚战争期间，南丁格尔通过加强病房环境清洁，消毒物品，注重伤病员的身心照护，使伤病员的病死率由 42% 下降到了 2.2%，取得了奇迹般的工作效果。她每晚提着煤油灯巡视病房的身影，被士兵伤员们亲切地称为“提灯女神”。除了工作出色，南丁格尔还非常善于总结。她将自己的对护理的思想及见解，写成了《医院札记》及《护理札记》两本书以及若干论文，这两本书到现在都是护士必读的经典著作。由此，南丁格尔开创了现代护理学。之后，护理学逐渐发展出了整套的护理理论、护理制度、护理人文等，护理也成了一个正规的职业。现在经过一个多世纪的发展，在医学领域，护理学科已经成为和临床医学并列的一级学科。在护理教育方面，我国也逐渐与国际接轨，从新中国成立初期的中专教育到现在的本科、硕士、博士教育，护理事业实现了蓬勃发展。

那么，现在的护理到底包括哪些内容呢？俗话说“三分治疗，七分护理”。医院里面，和患者接触最多的是护士，患者找的最多的也是护士，护士是患者身边的守卫者。对每一位患者，护士都要进行全方位的评估，评估主要包括患者的身（生理）心（心理）状况、饮食、睡眠、大小便、家庭及社会支持情况、患者的自理能力、是否有跌倒和形成压疮的风险、各种管路功能故障或意外脱出的风险、营养不足的风险、肺部感染的风险、尿路感染的风险、有创管道感染的风险、深静脉血栓形成的风险等。根据这些评估，护士要对患者存在的风险采取相应的护理措施，以便预防及解决问题；同时护士还要密切观察患者相应的病情变化，包括专科以及基础疾病，预防并发症的发生，并及时报告医生进行处理。医生诊疗方案的落实也靠护士，护士要保证医生的医嘱能在准确的时间，以准确的剂量和准确的方式给到患者，并将医嘱实施效果反馈医生。护士还要与各个相关的辅助科室沟通，如放射科、药剂科、检验科、超声科等，使患者的住院诊疗过程顺利进行。在治病的同时护士还要关注患者的家庭情况，必要时进行患者家庭关系的协调。最后，护士还是病房的大管家。哪里出故障了要维修，哪里物品少了要补充，哪里该消毒了……都要留心。病房就像一台机器，能够顺利运转都是护士在管理，管理好了才能提供适当的条件使患者在病房内安全、舒适地休养。

在专业深度方面，护理的分工越来越精细，产生了很多亚专业。目前发展得比较成熟的包括造口专业、慢性创面专业、糖尿病护理专业、危重症护理专业、急救护理专业、静脉治疗护理专业、脑卒中护理专业、血液透析护理专业、手术护理专业等。不少护理专家深耕专业内涵，拥有了开设护理门诊的资格，在自己的专业领域为患者解决了很多问题，获得了医生以及患者的赞誉及肯定。在专业广度方面，随着公众对健康的需求增加，努力提高市民健康素养也成为护理的一部分。护士服务的人群不再局限于患者，而是扩大到健康人或有潜在健康问题的人群。护士的工作场所以医院为中心进行前推及后移。在基层社区健康服务中心开展面向市民的健康管理和咨询、为患者出院后进行康复期的健康管理，护士都是主力军。

看了以上简单的介绍，现在您对护理有一些初步了解了吗?

护理从来不是简单的跑腿传话，而有着非常重要的职责和使命。一个高年资的成熟护士，完全可以顶得上一个年轻的医生，所以这也是深圳在探索给护师一定处方权的原因。作为护师，不要小看自己，要做到不卑不亢为患者的健康服务。作为患者或家属，应该理性看待护士的工作，不要在需要时把他们捧上天，在不满意时恶语相向甚者拳脚相加。只需要把他们看作平凡的普通人就可以了，他们也会生病，也会难过，也会悲伤，只是因为职业的原因，他们不能把所有的情绪都写在脸上。

所以，护理专业是每个医学生、管理者、社会人员都应该了解的一项工作。护士是平凡的护理工作者，是医生不可或缺的助手，是患者接触最多的医务人员。

（李丹卉）

第二节　护理专业医学生的成长

护理教育比临床医学教育起步晚。我国最早的护理教育是伴随着西医传入的。1887 年，美国护士麦克齐尼在上海开办了首家护士训练班。1888 年，美国人约翰逊在福州成立了第一所护士学校。30 多年后的 1920 年，中国协和医学院建立了协和高等护士专科学校。这是第一所具有大学本科水平的护士学校，从此，我国陆续开展了护理本科教育，学生毕业后获得护士文凭。1949 年新中国成立时，我国现存护士数量远远不够医院临床需要，于是，1950 年全国第一届卫生工作会议将护理专业教育列为中级专业教育之一（中专教育），国家培养了大批中等专业护士（中专学历护士）。1983 年，我国恢复了高等护理教育。天津医学院（现天津医科大学）率先开设了五年制本科护理专业，学生毕业后授予医学学士学位。之后，全国各地医学院校纷纷开设本科护理专业，四年制或五年制不等。本科学历的护士为临床护理注入了新鲜血液。在工作中，他们的专业知识丰富，善于思考，更能理论联系实际，很快成为各家医院的护理骨干。但是，护理专业要发展，还需要培养更多的研究型专业人才。2011 年，教育部批准开设护理专业的研究生教育，之后，护理学硕士、博士也陆续加入医院的临床工作，不少医院设置了护理博士后工作站，推动了护理研究的发展。至此，我国的护理专业终于形成了多层次、多渠道的完整教育体系。

目前，我国未开展护理学专业教育的医学院校寥寥无几，可见国家对培养护理人才的重视。护理本科全日制教育，主流考取方式是学生高三走高考路径考入医学院校护理专业，毕业后获得护理本科学历。另外，有一些院校实行了专本连读，即学生高三通过高考考入大专，成绩优秀或通过本科入学考试后直接进入本校的本科教育，毕业后获得护理本科学历。与此种形式雷同的还有一些院校实行中专—大专—本科连读的方式，即学生初中毕业考入护理中专并连读大专，如成绩优秀或通过本科考试可以进入本校的本科教育，最后获得护理本科学历。不同的教育方式影响着护理学生（以下简称“护生”）毕业后进入临床的质量。一般来说，优秀医学院的全日制本科护生工作后会更优秀，这可能与招收护生的基本素质有关。

无法攻读全日制本科也不要紧，工作中的护士也可以学历提升，让自己变得更为优秀。护理本科开展了在职教育，已经参加工作的大专及以下学历的护士可以利用工作之余，通过网络教育、自学考试等方式完成本科教育课程，获得属于后续学历的本科学历。非常多的医学院校开展了后续学历在职教育，包括不少优秀医学院校。一句话，只要肯努力，条条大路通罗马。

护理硕士、博士在现阶段虽然也有增多的趋势，但在医院的护理队伍中仍然属于凤毛麟角，尤其是博士、博士后，都是护理部主任的“心肝宝贝”。想在事业上有所追求，进一步提高护理研究能力的本科毕业的护士或护生，可以结合自身需求选择攻读的方式，参加全国研究生统考考取全日制研究生，也可以先利用工作之余攻读研究生课程班，同时参加同等学力全国统考，超过分数线后取得找导师做研究的资格，之后再用一年左右时间做课题、写论文，达到学校规定的授予学位的条件后获得在职硕士学位。有条件的省市，如北上广等地，与国际交流广泛，可能会有攻读国外硕士、博士学位的机会。如广东省，近几年每年会公派一些优秀的护理人员到爱尔兰、英国等大学攻读护理硕士学位，为期一年多。这些优秀的护理人员由各医院选派，攻读学位期间工作职位以及待遇保留。

如果你是一位出色的护士，是医院培养对象，并且英文也不错，能通过托福、雅思等考试，那么，恭喜你，你的机会来了。通过学历教育，提升和充实自己，相信你在护理天地一定能有所成就、有所作为。

（李丹卉）

第三节　护理专业的就业与深造

一、护理专业的就业

在广大民众的眼中，护士并不是一个地位很高的职业。

我国在护士普遍只接受过中专教育的年代，就曾有“医生的嘴，护士的腿”这种说法，显示在人民群众的观念里，护理是依附于医疗而存在的，没有自主性。因此，当各大院校逐步开始护理本科教育时，民众仍然认为从事护士工作不需要读那么多年的书，以至于20世纪90年代护理专业的本科生专业志向非常不稳定，人才大量流失。在学校念书时，不少护理系学生利用各种机会转到口腔系、麻醉系、公共卫生系等专业；快毕业了，有的护理学生通过考基础学科研究生离开护理专业；进入工作岗位后，有的护士放弃专业去从事其他非医疗行业的工作，有的护士虽然进入临床，但不愿意做和中专护士一样的工作，认为自身的价值没有得到体现，很快申请调到医院其他非护理岗位，如改行做麻醉师、转流师或到行政科室。就这样，早期的本科毕业的护士大部分流失了，直至20世纪90年代末期，这种情况才逐渐好转，有越来越多的本科毕业的护士安心留在临床，并快速成长为护理骨干。而现在，本科毕业的资质要求在全国越来越多地成为护士就业的基本条件。

还有一个好现象就是，随着护理专业的发展，它吸引了越来越多的男性加入护理队伍。对于一个自古以来从业者基本为女性的行业来说，男护士无疑为护理队伍注入了更多的活力。女性天生更温柔、细腻、有耐心，适合从事照护患者这种性质的工作，但是如果在需要更多体力的亚专业中，如院前急救、急诊、重症、手术室等，男性的生理特点则注定使男护士拥有更大的优势。因此，男护士在临床科室非常受欢迎。不少男护士工作沉着果敢、专业能力强，成长为护理行业的佼佼者，成为各自领域的护理专家。

我国现阶段护士的缺口非常大。总体来说，护士的就业形势良好。要论经济发达，人们常会提起北上广深，但论医疗水平的先进可能就只能说到北上广了。在医院数量上，根据 2021 年末的数据，北京以 733 家医院遥遥领先，其次是上海的 432 家以及广州的 291 家，深圳仅有 145 家。如果以常住人口中每千人拥有的病床数来排名，上海第一（6.77 张病床），北京第二（6 张病床），广州第三（5.66 张病床），深圳只有 3.62 张病床。最后我们再来看一下几个城市拥有的注册护士数量，北京的注册护士有 14.17 万人，广州有 8.8 万人，深圳有 4.96 万人。以上这些数据让我们看到，在医院规模上，深圳远远落后于北上广三大城市。近几年，深圳老牌医院都在扩张自己的规模，政府也在陆续建设多家新医院，创造了大量的医务人员的就业机会。只要是拥有过得去的学习或工作简历，一般都能得到试工的机会。

好的发展需要好的平台，能在各大城市的大型医院（三级甲等医院）工作起点较高，同时也意味着它们对医护人员的综合素质要求也较高，招收护士要求学历多为本科起，甚至要求基础学历为全日制本科。大城市中，如北上广，优秀的医学院校众多，附属医院以招收自家或本地大学毕业的优秀的护理专业学生居多。因为这些护理专业学生在大学四年级或五年级时就进入附属医院开始为期一年的临床实习。在这一年中，一方面，医院可以很清楚地观察到学生的素质及潜力，甚至优秀的护理学专业学生会被医院早早签约留在医院，所以要重视实习阶段的学习，做到嘴勤、腿勤、手勤等；另一方面，护理学专业的学生毕业后如留在附属医院工作，也更熟悉医院的各项规章制度以及工作流程，能尽早获得独立工作的资格。这是一个医院和护理专业学生双赢的局面。其他符合条件的护士进入这些医院也是可能的，但是要经过更长的磨合阶段。

二、护理专业的深造

护理学专业的学生毕业后进入临床工作，就不用学习了吗？不是的，有一句话叫作“活到老，学到老”，进入临床后真正的学习才开始。在学校时，老师教的各项医学理论多靠死记硬背掌握，没有经过实践验证。进入临床工作后，需要学习各种规章制度、工作流程、工作要求，进一步温故知新，学习以前书本上有的和没有的知识，还要勤加练习使自己的护理操作技能更为娴熟，同时随时学习国际最新医学研究成果。这些学习我们称为护士的规范化培训，它虽然不是学历学位教育，但是会伴随护士的成长过程以及整个职业生涯，非常重要。

护士工作后的深造，主要包括个人提升及单位培养两个途径。个人提升是护士个人对自身能力提高的追求，主要包括学历和职称的提升。单位培养是单位对于护理骨干的一种投资，可使护理骨干快速成长以担当重要的职责，主要包括支持护士参加学术会议、送到标杆医院进修学习、公派对外学术交流、公派专科护士培养等。经费越充足的医院，机会越多。从这方面来考虑，在大城市的医院会更有优势。机会一直都有，也是留给有准备的人，就看你是否能抓住。

我们先来说一下专科进修，这是最常见的培养方式。进修的目的是希望本单位的优秀护士通过在标杆医院的短期脱产学习和工作，学习到更危重患者的护理、更专业的护理知识以及更优的护理管理。护士学习结束后将新技术、新项目带回到本单位，带动科室，达到知识、技术革新的目的。进修时间以3～6个月多见，也有长至1年的。进修后可获得结业证书，这是护士资质提升的一个证明。进修期间，待遇因各医院具体规定的不同而不同，最优厚的是进修期间待遇不受影响，这样在进修期间没有经济压力，但是往往要伴随着进修者3～5年不能辞职的要求。

如果医院与国外交流较多，也有可能会有出国深造的机会，这时候英语水平高的人会比仅是专业能力强的人更有话语权。专科护士是目前最热门的护士培训。借鉴国外护理专家护理门诊的经验，我国的护理也向专科化发展。成为护理专家之前，就要先接受专科护士培训，培训内容一般包括专科知识学习、教育能力培养、科研能力培养等。和进修相比，专科护士培养更注重培养护士的综合能力、辨证思维能力，强调能对不同的患者进行高水平的个案护理，并善于发现临床问题，开展科学研究。培训时长一般为3个月，其中2个月用于理论学习，1个月用于临床实践。学习结束后，学员要在一年内完成一项科研课题的研究以及一定数量的个案护理积累，一年后，经过考核合格才能拿到专科护士证书。专科护士培养为护士打开了一扇窗，让护士见识到了更广阔的护理世界，这在护士心中埋下一颗将会茁壮成长的事业种子。

（李丹卉）

第四节　如何建立良好的医护合作

医生和护士是组成医院日常临床工作最主要的“两条腿”，如果一长一短，医院就走不稳；如果两条腿不协调甚至打架，医院就不能很好地前进，患者和医院就可能受损失。这两条腿只有共同发展、默契配合，才能使医院大踏步前进。

面对患者和疾病，医生和护士是一个战壕的战友，共同的敌人是疾病，为了共同的目标一起战斗，因此在工作中需要频繁地接触。比如，医生做手术需要护士为患者进行术前准备、术前宣教，并在规定的时间将患者送到手术室；医生开了用药医嘱，需要护士检查医嘱是否正确，通知药房准备药，拿回发放给患者，并告知患者服药注意事项；护士发现患者病情发生了变化，要及时通知医生进行处理，并配合医生落实处理措施；在患者生命垂危需要抢救时，医生护士更是要紧密配合、各司其职，使抢救有条不紊地进行，一次又一次地将患者从死亡线上抢救回来。然而，如何才能医护良好合作，形成良好的工作效率和氛围，成为一个积极向上的合作团队呢？

首先，互相尊重和理解是良好合作的基础。表现为对彼此的专业以及工作内容的尊重和理解，这是和谐氛围的基础。很多医生认为护理是重要的，认同护士的专业要求，视护士为工作伙伴而不是下属，这样的医生往往会换位思考，在一些工作细节上体谅护士，从而也能获得护士们的尊敬和喜爱。而有些医生不愿意去了解护士的工作内容，武断地认为护士很多工作要求是不必要的，因此横加干涉、出言不逊，这样势必给护理工作带来很多阻力，难免影响医护关系。护士对医生也是一样，要体谅医生，尤其是在患者面前，要维护医生的权威形象，这样有利于医疗工作顺利开展。但是不可忽视的客观现状是，当今护士整体水平仍旧低于医生，要想获得别人的尊重，首先要自强、自尊。作为护士，要不断努力提高专业水平，使自己在工作中能站在与医生比肩的高度，真正为患者解决问题，甚至解决医生都感到棘手的问题，才能获得医生的尊重。举个例子，慢性伤口护理是发展得最好的护理亚专业，很多护士以自己的专业操作治愈了很多医生感觉困难的伤口，获得了医生的尊重，现在很多医生遇到复杂的伤口都会主动转介给优秀的伤口护士处理。

其次，互相帮助，共同提高。高年资医生的专业造诣往往比护士高，在工作中是护士的良师益友，因此在专业知识方面，护士有不懂的问题医生应给予耐心讲解；在与患者的沟通中，护士往往处于弱势地位，很多患者更信服医生，因此在护士工作需要帮助时医生应该挺身而出，解决患者的疑虑。这样的医生都会受到护士和患者的欢迎。那么什么样的护士会受到医生的欢迎呢？医生虽然专业水平高，但对很多护理知识也有不懂的地方，而实际工作中很多护理措施是对医疗强有力的补充。如果护士能积极地与医生沟通，使医生了解某些护理措施的重要性，并且使医生看到护理实施的效果，那么医生在以后的工作中就会采纳更优的医护协作方案。这样，医护完美协作，就可以使患者获益最大。

互相帮助和提醒，为患者保驾护航。年轻医生进入临床，除了接受高年资医生的指导外，还有很多工作上的知识是要跟护士学习的，尤其高年资护士。当低年资医生和高年资护士一起相遇于夜班时，心情都会放松很多。因为高年资护士拥有丰富的临床经验，在患者病情判断以及处理方面的能力不亚于低年资医生，可以帮助医生堵住工作漏洞，防患于未然。同样，一些护理的操作也会出现并发症，这时也需要医生来保驾护航，对并发症给予处理。因此医护双方一定要本着共同为了患者的原则，统一战线，合力为患者提供最好的治疗。如果在工作中发现问题要善意地提醒对方，互相做对方的老师，而不是动辄冷嘲热讽、批评指责。

最后，做生活中的好朋友。一个科室就是一个大家庭，里面的医生护士就像这个家庭里的兄弟姐妹。谁喜结连理了，谁生儿育女了，谁度假带回了土特产给大家分享，还有谁的生活遇到了问题，谁的家人生病了，谁因为什么事情不开心……作为同事，关心彼此，分享生活中的点滴快乐，共同面对困境，合作和理解的小船就会承载着你我他的故事扬帆起航，医护也就会互相成就、互相促进，为患者提供更优质的医疗服务，同时也能实现大家的人生价值。

（李丹卉）

9

第九章

中医

第一节　正确认识和看待中医

一、中医学是什么?

中医学是一门具有独特理论体系、底蕴深厚并不断发展的传统医学，是具有生命力的活态存在。仅仅将它作为一门科学来看待，会显得有些狭隘，因为它亦是中国文化的载体，是将“德”“道”“术”高度融合的医学。“德”是以“大医精诚”的精神为代表的高尚医德与仁爱之心。德之于中医而言，不能简单地理解为职业道德，而是中医药学不可或缺的组成部分。大医精诚的精神对于中医“道”与“术”的形成和发展都具有特殊的指导意义。“道”是根植于中华优秀传统文化，带有深厚中国古代哲学底蕴的中医思维、中医药理论。中医思维充分体现以人为本，是系统思维，蕴含着天人相应、道法自然的深刻哲学智慧。可以说，中医之道包含着生命之道、天地之道、健康之道、哲学之道。“术”是在中医思维指导下形成的诊疗方法、用药方法，是几千年来中医药临床实践的升华。中医之术，载于中医经典之中，不断地被名医名家传承发扬。中医的“德”“道”“术”，尤其是三者有机的融合构成了中医药学的精华。

二、中医的优势

中医是几千年来被反复验证的科学体系，并随着对人体认识的不断深入和疾病谱系的变化而发展。中医学的动态生命观、养生理论与临床实践、“治未病”的早期干预思想、以人为本的个体化诊疗模式、整体调节的综合治疗观念以及丰富多彩的诊疗方法等，都让中医在防病治病中呈现出效果确切且不可替代的作用。中医拥有深厚的历史背景，能够传承至今，至少有三个方面的优势：一是治疗手段的优势。中医治病手段主要分为两大类：针灸与方药。除此之外，还有药浴、贴敷、导引等方式，具有“简、便、效、廉”的优势。二是治疗思想的优势。“治未病”是中医学最著名的思想之一，这种预防医学思想早在《黄帝内经·素问·四气调神大论》中就已经形成。《黄帝内经·素问》的第一篇“上古天真论”，系统阐述了身心调节、起居调节、饮食调节的各方面要素，如：“恬淡虚无，真气存之，精神内守，病安从来！”“食饮有节，起居有常，不妄作劳，故形与神俱”等。这些思想贯穿于整个中医学中。近几十年来提出的“健康新概念”中，许多医学科学家提出“现代医学必须由单纯的生物医学转型为生物的、心理的、社会的医学”。可见人们广泛了解到在健康与疾病之间还存在一种“亚健康”状态。所有这些新观念，坦率地说，都是中医学坚持了两千多年的观念。三是文献资源的优势。学中医除了辨证难、用方难之外，还有读书难。中医是滚雪球似的发展的，历代中医古籍都是当时医家治病的经验总结，弥足珍贵。

（梁靖华）

第二节　如何正确处理中西医在临床中的关系

“医亦无神技也，又何必疑西医而信华医，轻西药而重华药，固执此一偏之见哉？”这是载于1873年《申报》上的一句话。彼时西医刚刚进入中国，新的文化不断冲击着国人神经。对西医的认识不足，导致国人不愿相信全新的医疗手段。一个多世纪过去了，随着医学的不断发展，人们对各种疾病的认识也越来越深入，治疗方法日益增多。如今有许许多多的人不相信中医，或者过度鼓吹中医，这都是不可取的。

医学是研究人类生命过程以及同疾病做斗争的一门科学，属于自然科学范畴。西方医学以解剖、生理、病理、生化、免疫、微生物、药理等为基础理论，以还原论为核心，重视局部与微观观察，方法学上注重直观分解、实验测定、技术使用和定量分析，属实验医学范畴。西医的特点有三：一是注重实验。比如，一种新药在上市前，要经过 1 ～ 3 年的临床前药学实验、5 ～ 7 年的临床试验，来保证其安全与疗效。二是日益细分化。西医重视研究疾病本身，分科也随之不断细化。三是坚持逻辑推理的严密，疾病的确诊必须有病理指标或数据支持。西医的进步伴随着科技革命，更加先进的检测仪器为临床医生的诊断带来了极大的帮助，不断精细的医疗器械帮助患者减少痛苦。不光治疗方法在进步，医学模式也在进步。生物—心理—社会医学模式已经成为新的发展目标（与中医的整体观念有异曲同工之妙）。比如，精准医疗追求医源性损害最小，耗费最低，病患获益最大；循证医学强调以客观研究结果为依据，更好地解决临床问题。

中医从春秋战国时期形成基本理论，到今天已有四千多年的历史。中医药作为中华文明的瑰宝，曾为中华民族的繁衍昌盛做出了重要贡献。中医学“医哲交融”，是以中国古代的气一元论和阴阳五行学说为哲学基础，以整体观念为指导思想，以脏腑经络的生理和病理为核心，以辨证论治为诊疗特点的独特的医学理论体系。其基本特点有二：一是整体观念。整体观念贯穿于中医的整个领域，主要体现在“形神合一”与“天人相应”，即在治病时不单单从病灶出发，而是着眼于整体，调摄精神，再与四时八节相对应。二是辨证论治，以症辨证，以证辨病，病证结合从而确定对疾病本质的认识。因此，中医存在同病异治与异病同治。

2021 年 6 月 30 日，国家卫生健康委、国家中医药局、中央军委后勤保障部卫生局联合印发《关于进一步加强综合医院中医药工作推动中西医协同发展的意见》(以下称《意见》)，提出卫生健康行政部门要将中西医结合工作纳入医院评审和公立医院绩效考核，推动综合医院中医药发展。《意见》提出，综合医院要紧密结合本院的发展重点和优势专科，针对中医药治疗有优势的病种，找准中医药治疗的切入点和介入时机，通过中西医协作，研究制定实施“宜中则中，宜西则西”的中西医结合诊疗方案。

“宜中则中，宜西则西”，笔者以为这就是临床中应用中医还是西医的最根本原则。西医长于急重症之救治、手术，长于短期纠正人体指标，长于治疗控制已知传染病等。中医长于急难症、疑难症、慢难症，长于治未病、杂病，长于养生、保健、康复，同时，对于西医尚未认识而诊断不明的、西医诊断明确而无治疗方法或治疗长期鲜有成效的、西医治疗毒副反应明显的，以及突发新的传染病、流行病，特别是大疫等，中医药往往具有独特的作用。

“有时是治愈，常常是帮助，总是去安慰。”特鲁多的名言既神圣又质朴，跨越时空，至今仍熠熠生辉。医学不能治愈一切疾病，不能治愈每一个患者，给患者以援助，是医学最常做的，也是医学的繁重任务，其社会意义大大超过了“治愈”。人文精神是医学精神的核心。从古至今，一切医学技术都是对身处困境的人的帮助，通过医学的帮助，人们才能够找回健康、保持健康、传承健康。“医亦无神技。”不论是中医还是西医，都是治疗疾病的一种手段，各有优势，但都不存在“神技”。因此，在临床应用中，不应过度推崇某一种特定手段，只要能为患者解除痛苦，起到良好的治疗效果，都可以在实际工作中运用。

（梁靖华）

第三节　中西医结合的妙处

本书邀稿时要求写关于中医部分，让我很惭愧。虽然我是正规中医院校毕业的，但是刚开始从事临床工作时，基本都在做临床事务性工作，甚至对手术立竿见影的效果非常痴迷，忽略了传统中医。经过临床的历练后我发现医生也有很多无助的时刻，也有棘手的病案。这些积淀让我开始慢慢沉思，如何利用现有手段治疗疾病，达到最好的疗效。带着这个思考，我不知不觉地把中医中药融入疾病治疗中，使治疗效果大幅提升，甚至使我对很多无从下手的疾病也有了新思考。这也许就是荀子说的：不登高山，不知山之高也；不临深溪，不知地之厚也。不为自己打开一扇窗，接受一种观念，就永远不会品尝到新的甘甜。

中医博大精深，西医客观缜密，而我等有幸取其一瓢饮，亦当不断精进。现把自己对中西医结合学习的浅薄思考写出来，以期有一人受益而知足。中医的学习需要“明中医之道，知西医之理”。现在，很多院校学生都缺乏古代哲学的思维训练，而单纯记忆及简单推理不利于临床深入研究。所以，在教授中医大道（规律）时，引导当代学生从更容易接受的西医角度理解疾病、中药功效、方剂组成，更有助于我们消化中医概念。

而在我们初入临床时，需要先从最基础、琐碎处积累，厚积而薄发。下面我利用一味常见的中药——麻黄，来简单阐述中西医两种理论相结合在临床中的运用。

中医认为麻黄有发汗解表、宣肺平喘、利水消肿的功效。西医对麻黄成分的研究表明麻黄的主要成分为麻黄碱、伪麻黄碱、次麻黄碱，其主要作用为拟肾上腺素。

麻黄平喘的作用，西医药理学认为主要是它有兴奋肾上腺或结合肾上腺素受体（亦有促进肾上腺素和去甲肾上腺素释放），使末梢血管收缩从而起到缓解支气管黏膜肿胀，舒张支气管平滑肌的作用，进而解除支气管的痉挛。可见，现代医学也很好地诠释了中医数千年用三拗汤治疗喘证的机制。从上可知，麻黄也可以舒张膀胱平滑肌群，能扩大膀胱容量，同时还有兴奋神经作用，使人睡眠中易于感知尿意，从而及时排尿，所以麻黄对遗尿也有很好的治疗效果，这也就更容易理解中医为什么使用麻益散治疗遗尿。麻黄作用于膈肌，可以改善膈肌痉挛。古代验方就有用麻黄加柿蒂治疗顽固性呃逆。两千多年前的《神农本草经》中也有麻黄能“止咳逆上气”的记载。现代医学也有大量用麻黄碱治疗呃逆的报道。理解以上药理机制后，结合临床，我在实际运用中拓宽了麻黄的治疗范围：考虑麻黄作用于肠道平滑肌，可以舒张肠道平滑肌，抑制肠道平滑肌收缩，所以将麻黄用于治疗痉挛型腹痛、腹泻，取得了良好的治疗效果（需结合辨证论治组方）。

盆底肌痉挛综合征是一种顽固棘手的肛肠疾病，患者有顽固性便秘、肛门刺激征、局部剧烈疼痛等症状。该病治疗手段缺乏，我在临床运用麻黄联合四逆散（从厥阴论治）治疗盆底肌痉挛综合征，患者症状改善明显。麻黄相同机制作用于不同组织靶点，其功效也大不相同。比如，麻黄中的D-伪麻黄碱有利尿作用，其机制是抑制钠的重吸收，抑制钠重吸收的作用发生在肾小管时，影响肾小管的重吸收，从而起到利尿、消肿的作用。中医利尿消肿常用方剂就有麻黄加术汤。

而当抑制钠重吸收发生在皮肤汗腺，抑制汗腺导管对钠（水）的重吸收，就能起到发汗进而退热的功效。中医针对炎症反应综合征的麻杏石甘汤，针对病毒感染的麻杏薏甘汤，其中都用到了麻黄发汗、退热的作用。

又比如说，麻黄有神经兴奋作用，用于兴奋心脏神经，可以治疗缓慢型心律失常，提高心率。而古时中医药铺里常备麻黄汤，当遇到休克晕厥患者，马上急煎灌入。这是在当时条件下有效的中医急救的绝招，也是麻黄汤又叫还魂汤的缘故。这些都是中西医、传统与现代医学的美好融合。神经兴奋作用于阴茎，兴奋阴茎神经，还可以治疗阳痿，中医也历来有利用麻黄附子细辛汤治疗阳痿的记载。麻黄还可以兴奋中枢神经，而汉代中医就有用小续命汤治疗半身不遂、语言謇涩、神思混乱的记载。

古老的中医用一个个饱含心血的药方向今天的我们展示着他们的智慧，我们有什么理由不心怀虔诚地继承并研究其中的奥秘呢？通过对麻黄进行精确的成分、药理研究，不仅可以使今人深入理解古人遣方用药，规避不良反应，更重要的是还可以在深刻理解药物作用机制的基础上开发新的衍生运用。同时，西医也可以从数千年积累的中医经验中挖掘新的思路，利用现代医学手段解密、探究更有效的治疗手段。

目前，宏观辨证微观化和微观指标整体化是中西医理论结合的途径。在临床中我们应不拘于古今、中西。因为两种学科的研究对象（人体）、面对的问题（治疗疾病），这些基础都是一致的，只是理论体系、研究方法、表达方式不同。同时对两种体系充分认识和学习，可以使临床医生开拓思维、视野，两种体系在临床治疗过程中也是相互补充印证的，能够为患者提供更为恰当的治疗方案。

（廖颖婴）

第四节　中医的发展前景及思考

我国中医医生拥有很好的执业包容度，不仅可以进入中医执业范围，也可以进入西医执业范围，这在全世界是绝无仅有的。现在也是发展中医的绝好时代。可以说我们这一代中医人是幸运的。初入临床的中医师们，了解以下两方面是有益的。

一、中医的发展需要有客观、辨证的态度

发展中医需客观理智、辨证包容：不自怨自艾、故步自封，亦不能盲目夸大、唯我独尊。师古而不泥古、开放包容是现代中医发展需要的心态。中医学是从两千多年临床实践总结出来的经验中，归纳、演绎、推理出来的医学理论，有着丰厚的中国文化底蕴，是中华民族的宝藏。

同时，中华文明是农业文明，重视环境和四时变化，崇尚规律这在中医传承中体现得尤为明显。在科技发展的今天，传统的认知也需要去判断、去鉴别。比如：中医讲究人体与自然的天人合一。月经与月亮周期相关可以理解，但古人认为地有九州人有九窍，天有日月人有双目。这种因果联系就具有认知的时代局限性。

那么怎样才能辨证地去判断、去鉴别呢？

首先，要在古代文献上下功夫，多读古医书。中医现在仍以古代文化形式存在，因此真正揭示中医内涵，需要有古汉语、古代哲学、植物学，甚至历史、地理、天文、气象等学科知识，同时也要充分了解现代医学，才能尽可能地去伪存真。

其次，用开放的心态接纳，利用科技去充实、解释、验证中医，是中医发展的必然方向。这绝不是否认中医，而是让中医焕发出新的生命力。

二、中医的发展需要和科学技术密切结合

中医与中华文明并存，始于经验积累。汉代因为独尊儒术，提倡身体发肤受之父母，不敢毁伤，在一定程度上导致解剖学发展停滞，医生们只能借助思外揣内、有诸内必行于诸外的手段推测疾病，从而出现“一些黑箱理论”。古人利用了当时的思想，比如：天人合一、阴阳五行、八卦等作为理论工具，逐渐建成带有哲学色彩的中医理论体系。这在当时背景下是最恰当的存在，也推动了中医不断发展。

但是，哲学是人们对世界的思考，必然被个人的认识、时代背景和地域环境所局限。而医学是一门实践科学，必须以经验为基础。因此，过分地依赖哲学，必然限制医学的发展。

同时，古代哲学家的语言相对于今天来说并不明确。时至今日，科技日新月异，中医的一些偏重哲学的理论基础成为外界诟病中医的主要原因。我们需要把研究中医的重点放在揭示哲学外衣下的医学内涵，如：阴阳在人体对立平衡的功能活动如何表达？五行反映了什么样的生命规律？这样有利于中医

走向现代化。

现代科技善于从客观、微观研究阐述内部机制，可以很好地弥补中医的短板。比如：已有不少国内学者对阴虚和阳虚等中医证型的客观化研究找到了一些重要的微观指标。目前，国家重点基础研究发展规划中已经启动了《方剂关键科学问题的基础研究》项目，进一步揭示中药复方治疗的物质基础和作用机制，用微观化的指标去诠释和验证中医药理论。同时，也可以用现代科学技术去阐明中医藏象、经络、舌脉及经穴的原理。

中医的发展依赖于大的时代背景，绝不会脱离时代背景独立存在。中医医生深深植根于传统文化，但也要积极拥抱现代科学。只有中西医兼容并蓄，取长补短，才能共同造福人类。

（廖颖婴）

10 第十章 工作与家庭

第一节　医生工作的繁忙和压力

写到这个题目，我还真不知道从何处下笔写。医生的工作可能在电视剧或有些人眼中光鲜亮丽、轻松多金、潇洒从容等，但现实往往是什么样子呢？国外医生的繁忙和压力我们不敢说，因为没有非常深入的体会和了解。来过中国医院住院的患者和家属，人各在出院时会有一个感触：中国的医务人员真的很辛苦！上班时没日没夜地干活，下班后有时还要加班。

笔者曾经在普通外科工作了七八年。为了让值班医生能有个休息和喘息的机会，急诊患者几个普外科轮流收治，所以也使我几乎所有普外科的手术都做过，各种患者都亲自管过。有些患者腹部脂肪液化，腹部脂肪层比较厚的伤口换药就可能要半个小时到 1 个小时，相当于做一台手术。腹腔感染或肠瘘术后的换药，时间可能更长，有些伤口换药不到位可能一两年患者的伤口都长不好。所以，伤口换药绝不是简单地涂抹碘伏盖块纱布那么简单。

笔者常给 60 岁左右女性的腹部脂肪液化的伤口换药：拆线清理液化和坏死组织后，伤口里面可以放进去三个馒头，可惜当时没留照片；早期每次换药 1 个小时左右，要用刀片、剪刀、镊子等不断清创，不断清理坏死和液化的组织，还要覆盖大棉垫保证虹吸引流、伤口内干燥等，伤口才能有愈合的可能。最终，这位患者的伤口 4 ～ 5 个月才基本愈合。笔者在西安时还管过一个 50 岁的四川男性患者，工地坠落外伤，住院时间一年，前后做过七次手术，命是保住了，但也付出了很大的代价：切了一个肾，切除了胆囊和部分肝脏，T 管引流，腹部补片修补，肠瘘造瘘等。患者整整 2 个月滴水未进，完全靠肠外营养，还出现过因低血糖导致的精神症状。回肠末端造瘘后还有些肠液经常经瘘口流出，不断污染伤口，要用油纱条封堵瘘口，保持伤口内的相对清洁，等待伤口慢慢生长和愈合。每次换药时间很长，整个恢复时间长达 1 年。

还有很多这样的故事。像这些患者的处理，有时会给医生带来极大的压力，包括身体压力和心理压力。有时心理压力会让你开始怀疑这个活还能不能干，会不会随时掉到坑里。这时，有一个好的领导，特别是科室主任，就是非常关键的。他能撑起很多事情，让下面的年轻医生放手去干，有雷自己顶，有锅自己先背，而不是推诿给年轻医生，这样年轻医生才有成长的机会。我在西安工作时的杨滏宁主任，就是这样的领导。

笔者在普外科工作期间，最长连续工作过近 34 个小时。

早上8点接班后，一直做前一天安排好的平诊手术到下午下班，中午没时间休息；晚上接着开始处理急诊患者，化脓性阑尾炎、上消化道穿孔、剖腹探查等，几乎连续干一个晚上，中间凌晨可能休息了1个小时。第二天接着做平诊手术，一直做到下午5点左右才能下班。就这还有好多病历没来得及写，要在后续上班时加班写。所以我的腰椎间盘在这期间也经历了严峻的考验，有两三年我经常有严重的腰部疼痛发作，有时甚至麻木和疼痛影响到一条腿和脚趾。所以临床工作，特别是急诊多的科室，临床工作是非常繁重和有压力的，这还不包括来自家庭的压力。笔者就曾经历过下夜班还要带着孩子去找值夜班的孩子妈妈哺乳，晚上我自己也不会带，所以每次相当于连续上夜班。我们科也是4～5天一个值班（24小时值班制），这样算下来每2～3天就要值1个夜班，其中的滋味只有体会过的人才知道。我们一般都是值了24小时的班，再忙一上午才能下夜班，下夜班后还要照顾一两岁的小孩。我到现在还记着我有一次下夜班，下午三四点还抱着小孩在我爱人科室外面等她给小孩哺乳，所以，医护人员的工作压力还是比较大的。

综上所述，医务工作者，一定要注意平时的锻炼和休息，有一个好的身体，才能应付和处理各种压力和繁重的工作，在为患者提供治疗和帮助中实现自己的人生价值。

（杜宁超　宋　丽）

第二节　医生家庭的成长和付出

很多人可能认为医生家庭不需要什么成长和付出。而实际上医护人员家庭的付出和支持非常大。从踏入医学院校开始，家庭的付出就开始了。有些家庭条件好的，可以没有任何后顾之忧地去学习、去考研，不会为学费、培训费甚至生活费等发愁。条件好的家庭还可以为个人发展助一臂之力。而有些学生因为家庭经济等原因，可能本科毕业不得不直接工作，挣钱养活自己或者家庭。

当你走上工作岗位，不论什么级别的医院，都可能成为一个比较工作繁忙的角色。有时需要加班加点，不能按时休息吃饭，一个夜班下来可能疲惫至极，需要一到两天修整。这时家庭的帮助可能让你减轻很多生活方面的负担。当你成立自己的小家庭，有了自己的小孩后，生活的琐碎事情倍增，如果没有来自双方父母的照顾，很容易发生各种矛盾，甚至导致夫妻俩劳燕分飞。在这种情况下，夫妻双方一定要相互理解、相互扶持、相互帮助，共同渡过难关。这时已经中年的你，应该明白生活的不易，没有谁会不经受生活的锤炼。这个阶段每位医护人员更应该对家属给予更多的包容，更多地干些家务，不要把所有的家务活或其他事情推给某一个人，这样就算没有经常性的摩擦，也有可能导致某一天矛盾爆发而一发不可收。所以说在某种程度上，夫妻之间的小吵小闹，可以舒缓工作和生活的压力，不至于使矛盾积累到一定程度而山崩地裂。

人生能有几回搏，今日不搏何时搏？每个人的青年和中年时代，正是可以拼搏做点事情的时候。往往这个阶段也是多事之秋，每个人都有多个身份、多重角色、多重压力。以笔者为例，刚考上博士的同时儿子出生了，西安的同事和朋友都说是“双喜临门”，当时还沉浸在这双喜之中，可后来发现所谓的“双喜”，其实就是双重压力！当时面临博士课题实验不顺利的压力，毕业的压力，同时面临家庭的压力，双方父母无法长期帮忙照顾小孩和家庭，只能频繁更换保姆。当时真的担心小孩被保姆带走后被拐卖，也担心保姆把小孩带出去弄丢了，或者保姆不小心导致小孩被火或开水等烧伤烫伤……总之在家各种担忧，在学校还是继续面对实验、发文章和毕业的多重压力。

人生无常，世事无常！我们永远不知道明天和意外哪个先来。但是我们要把握住今天，为我们的明天打好基础。自己努力克服来自工作和生活的压力，经历了风雨，就没有能击倒你的东西了！所以作为医务工作者，我们要自己成长，同时家庭也应该跟着成长。要想在医学领域有所建树，家庭的支持和帮助至关重要。没有了家庭这个避风港，我们会觉得压力更大，生活更难。所以一定要坚持下去，互相扶持，过了这个阶段，就是人生好时节！

（杜宁超　莫永洋）

第三节　如何平衡工作与家庭

本人是一名普通的医务工作者，相对于其他上班族来说，工作不算很累，但却常常很忙，周末双休是几乎不可能的，对此本人也习以为常。我的妻子也是一名医务工作者，不同于我，她日常是在发热门诊工作，同样需要值班，这就导致我们极少能在同一天休假，所以我们家庭的常态可以说是“聚少离多”。我知道我的家庭，只是万千医务工作者的缩影，当然还有大多数医务工作者的配偶并不是同行，他们遇到的问题可能比我更多。比如，他们的家属，并不一定能理解他们的工作节奏，而这种不理解极易在工作与家庭之间带来矛盾。这不仅对医务人员的身心健康以及职业发展造成消极的影响，而且也非常不利于维护良好的医患关系。因此，平衡好工作与家庭之间的关系就显得尤为重要。对此，本人有以下几点认识。

第一，职责与使命，重如泰山。人们常常将医生比作“白衣天使”。这不仅蕴含着他们对医生的期望和要求，也是社会赋予医生的神圣使命。“舍小家顾大家，舍私情重职责”是医生的工作理念，因为他们担负着治病救人、维护人类健康的使命。肩负这种职责与使命，就必须把“奉献”和“服务”放在首位。

第二，沟通与理解，是平衡工作与家庭的基础。有幸的是，我的伴侣也同为医务工作者，我们夫妻相互之间很能理解对方，更不会因此产生矛盾。对于双方的父母，我们经常沟通，向他们讲述我们工作的日常，以及工作的内容和节奏，比如，我们为什么常常加班，为什么逢年过节不能与他们团聚。当我们有了小孩，我们也经常与孩子沟通，解释为什么爸爸妈妈要经常值班，为什么不能每天都陪他玩耍、哄他睡觉等。充分积极的沟通与解释，主动争取家庭成员的支持，非常重要，而且要取得配偶以及双方父母的支持，这样才能更好地营造工作和家庭和睦氛围。

第三，合理规划，是平衡工作与家庭的前提。依据现阶段个人情况和工作特点合理规划时间，平衡工作和家庭的需要，明确工作和家庭发展的优先次序，不同时期在工作和家庭中要有所侧重。当在临床、科研任务紧张忙碌的时候，我们要将重心偏向于工作，延长上班时间，并可能占用一部分陪伴家庭的时间。这是作为医生的责任，也是医院职工的义务。当工作没那么忙碌时，我们可以多照顾一下家庭，多陪伴家人，比如，与家人聊天、运动健身、外出游玩或者一起参与小区的社交活动等。合理规划，这样更能平衡好工作与家庭。

第四，高效利用有限时间，是平衡工作与家庭的关键。作为医务人员，早上七点半到医院，八点交接班，还要上夜班，同时很多时候下班时间也不固定，下班时间并不意味着下班。所以我们临床医护人员应学会合理管理时间，妥善分配工作、学习与照顾家庭的时间，减少无意义的时间消耗，不要被手机、电脑等快餐娱乐占用太多。将“奋斗”时间留给医院，全心全意为患者着想；将“休闲”时间留给家庭，完全融入家庭生活；将“独处”时间留给自己，通过自学、参加培训、短期进修等途径提升自己的专业技能，也可以通过学习和实践，掌握经营家庭的方法和技巧，使自己能更好地胜任家庭角色，促进家庭关系和谐，以更好的心态面对工作、家人。

总的来说，工作与家庭并不是非此即彼的对立关系。工作能够给我们带来生活的资本，而家庭则是我们在工作之后休憩的港湾。工作帮助我们建立家庭的根基，使家庭更稳固，同时和谐的家庭关系，也会提高工作积极性，二者是相辅相成的。家庭和工作孰轻孰重，就像人的左手和右手一样，我们都要学会正确把握工作与家庭的平衡点。

（梁靖华）

11 第十一章 医患关系

第一节　医患关系的现状

提到“医患关系”，我相信临床医生或多或少都有些话想说，甚至有部分医生还可能因为各种原因深受其扰。就目前国内的医疗环境而言，本人认为医患关系仍不容乐观，仍需改善。

为何医患关系如此紧张，其一，患者方面的原因。患者因为缺乏医疗知识，在信息不对等情况下，容易对医生乃至医院缺乏信任，害怕医方“忽悠”自己。有些患者因为总想“少用钱，治好病”，而当现实不能满足预期时便产生不满情绪。典型的想法就是认为花了钱就应该治好病，否则就通过“闹医”手段，逼迫医院妥协，得到经济赔偿。医闹方式多样，比如，拒绝交纳住院费用，拒绝出院，在医院内摆花圈、烧纸或设灵堂，殴打医生、打砸医院等。

其二，医务人员方面的原因。个别医务人员医疗经验不足，水平欠缺。患者就医时，对患者乱开检验，态度“差”，不进行认真的查体，对病患未表现出同情心、责任心；还有的医务人员没有时间和耐心倾听患者对疾病的描述，甚至直接粗暴地拒绝解释和否定患者的叙述和建议，导致患者不能充分信任医生，甚至觉得医生不负责任。还有极少数医务人员因为收入低，便以不正当的方式来获取个人利益，如收受红包、药品器械回扣等获取灰色收益。这更加让患者对医务人员产生不信任感，加剧医患冲突。

其三，不良的新闻媒体推波助澜。新闻工作者本应作为医患矛盾的缓冲剂，保持中立，据实发布各类医疗事件的情况，引导民众正确、理性地对待医疗事件，但部分媒体为了吸引眼球，常常混淆视听，夸大宣传；有的则严重违背了新闻的真实性原则，虚假报道，损害了医务人员的形象。

其四，现实方面的原因。医疗资源分布的失衡使得“看病难”。如东西部的差别、城市和农村的差别，小医院患者稀少，大医院患者排长队，大医院的医生们每天超负荷工作，不可能保证接待每一位患者都全心全意、精力十足，而小医院的医生则由于缺少临床锻炼，医术得不到进步，临床疗效不能保证，从而加剧医患间的矛盾。二是医疗卫生财政投入的不足带来医疗市场化问题。虽然国家和各级政府都对医疗卫生事业投入了巨大的人力、物力和财力，但基于我国人口众多，医疗卫生事业基础薄弱，在某些地方还是显得投入不足，有时会引入一些市场化的经营。当医疗的经营活动以赢得利益为目的，医药行业不可避免地会出现以创收为目的的过度医疗，部分医疗机构及其人员如果缺乏道德约束，在“合理、合法”的制度下，可能会想尽办法提高“业务量”创收。近年来，有些医院为了创收，提高绩效，诸如“医院骗保”等新闻并不少见，这严重影响了医疗行业的信誉，可能会导致患者对医院的信任度下降。这就是医疗市场化带来的不良影响。

但不必为此过于悲观。社会在进步，医疗也是。在一些极端医疗事件之外，也有令人暖心的一面。我认为作为一名医生，首先要做好本职工作，即提高医疗技术水平和医疗服务质量、临床疗效才是患者最主要的诉求。虽然并不是所有疾病都是可以攻克可以治愈的，但医生一定要重视患者的心理需求，提高医患沟通技巧，善于换位思考。只有这样，医患之间才能建立起真诚、信任和尊重的关系，才可能将医患矛盾扼杀于萌芽，社会医疗才会更健康地发展。

（梁靖华）

第二节　如何处理高风险医患关系

如何处理高风险医患关系，这不是三言两语就能说清楚的话题。所谓的“高风险医患关系”，我个人理解就是因为各种原因，导致医患之间沟通困难，容易造成误解和矛盾甚至纠纷的关系。

在临床工作中，医务人员可能会有需要处理此类医患关系的时候，有时甚至是工作在和患者接触相对较少的岗位的医务人员，如病理科、检验科、影像科等。如果遇到此类情况，该怎么处理呢？我谈谈个人的看法。

首先，当遇到此类情况时，尽量做到心平气和地去和他人沟通，不要带偏见或歧视。也许有些人已经在之前的就医过程中遇到了一些麻烦或困难等，所以我们也要站在对方的角度考虑一下问题。尽量去理解和尊重对方的想法和说法等，但不要一味地妥协。在搞清楚情况之前，尽量不要做过于具体的承诺。即使已经比较清楚事件的来龙去脉了，也不要轻易地做出具体答复和承诺。有些时候遇到拍着桌子说“钱不是问题”的人，一定要注意他最后的费用结算等经济问题。遇到说“患者都交给你了”的情况时，一定要警惕，该签字的一定要签字，多沟通，反复和多人进行沟通，特别是和其主要家属沟通。沟通不到位，或者说法过于具体，有可能会引起互相不信任或纠纷，甚至对簿公堂。所以，在遇到难沟通的情况时，说话和写病历等时，一定要按照有可能打官司的程度去处理。否则，如果真的官司缠身时就悔之晚矣。宁可信其有，不可信其无。

其次，在医疗沟通过程中，如果出现别人“套话”的现象，绝对要提高警惕，谨言慎行。如别人说“这个病一定能治好吧？”“这个病不会再复发吧？”“你们治疗这种病绝对没问题的！”“我绝对相信你们！”“手术后不会有问题吧？”等的时候，我们一定要学会灵活应答，不要把话说死，不要绝对化地回答问题。因为医学“偶尔去治愈，常常去帮助，总是去安慰”，特别是刚开始工作时，不要觉得自己无所不能，不要觉得自己可以应付一切，这样很危险。在河边走的时候多了，就有可能湿鞋。

再次，当遇到困难性医患关系时，要学会释放自己的压力，要学会和自己和解。笔者也曾听说过有些医务工作者，因为患者长期的纠缠和无理取闹，舍弃自己的生命的例子。这也许只是极端的例子，但也说明在遇到困难性医患关系，特别是面临纠纷甚至官司时，医务人员会承受巨大的心理压力，工作更容易出现失误甚至差错，心理素质不好者或以前就有心理疾病者，就更会雪上加霜。在这种情况下，一定要及时寻求帮助和疏导，不要把所有事情和压力都埋在心里，不要等到压倒骆驼的最后一根稻草出现，不要等到事情发展到不可收拾的地步。

最后，当真正面临困难医患关系时，我们应该按流程上报科室领导和医院相关部门，寻求更多的处理方法和解决问题的力量。当有些问题超出我们的处理范围时，一定要及时汇报，及时让医院的力量介入。如果科室领导能帮助解决或承担一定责任，简单说就是敢于顶雷敢于背锅，这样是最好的，因为没有一个好的小环境，工作起来还是很困难的。万一遇到科室领导没有太多作为，那就要逐级上报，千万不要碍于面子不上报，万一出了问题有时我们自己承担不起。当然，科室领导不作为的例子很少，绝大多数科室领导还是有作为的，会为自己的下级遮风挡雨，会帮助下级解决工作中面临的困难和问题。

人非圣贤，孰能无过？也许我们在工作中会有些小疏漏，但一定要将心比心，体会患者的困难，尽力为患者解决困难、减轻痛苦。只要你用心去帮助别人，别人一定会感受得到，也不会有太多难以处理的关系。尽量在工作中让患者少跑腿，多帮他们解决遇到的问题和困难，不要动动嘴皮就让患者或家属来医院跑一趟，那样会比较麻烦。如有些患者在门诊就诊，第二、第三天才能做检查，后面再重新挂号复诊，其中可能要面临请假、交通、停车、排队等多种问题，就如我的有些患者告诉我的一样，在一线城市看病，其时间成本远远大于医疗成本。设身处地地为患者着想，练好本领为患者解决痛苦，就会收到意想不到的结果，也会更少地面临所谓的“困难性医患关系”。

（杜宁超）

第三节　火上浇油还是春风化雨

这个话题，还是说的医患关系。当我们在处理医患关系时，火上浇油只能使火烧得越来越大，春风化雨则可能使狂风骤雨转化为春雨润物。什么情况算是火上浇油？什么情况是春风化雨呢？

首先我来谈谈火上浇油。火上浇油，意思是往火上倒油，比喻使人更加愤怒或使情况更加严重。火上浇油，一般会使事态的发展更难以控制，所以在愤怒时千万不要过多地说话和做事、做决定。我们医务人员，也是有脾气和性格的。有些年轻人甚至更容易上火或“被点着”。在遇到有些难以沟通的患者或家属时，我们更要注意自己的说话态度和方式，能回答的尽量回答，回答不了的，直接告诉患者我们需要汇报和请示，等有明确答复时再回复。不要说得过多，也不要一味地回避和不说话，那样患者可能会觉得你有问题，有刻意隐瞒的事情或其他东西。

再来谈谈春风化雨。在处理医患关系时，医务人员应该加强自己的素质修养，包括外表和内在的修养。一个整洁的外表，会给别人一个好的印象，也可以增加别人对你的信任和理解。嗓门太高，容易让他人误解、挑起不良情绪。所以在和患者或家属谈话时，特别是回答一些问题时，或者对方比较多疑时，我们一定要注意谈话的方式和方法，要说得诚恳一些，也不要故意回避一些问题，要设身处地地为患者着想，尽最大努力去治疗患者。患者好转时，医生也更容易获得别人的理解。如果患者的治疗效果不理想，该请会诊的请会诊，该转诊的转诊。

我们在和患者或家属谈论病情时，特别是与危重或随时有生命危险的患者家属谈话时，有时会遇到家属要求录音录像。我们可以开诚布公地和家属说，要录音录像我们就去专门录像的地方，把我们双方的对话和音像全部录下来，防止被别有用心的人断章取义，通过互联网等传播并产生不良的影响。

春风化雨不是一蹴而就的，需要一个比较长的过程，也是有较大困难的。特别是患者病情危重和容易起纠纷的时候，我们一定要多和患者或家属沟通，反复沟通和有效地治疗，有利于我们取得比较好的结果，也有利于困难的医患关系出现明显好转，自己的压力也会明显缓解。笔者也曾遇到过很多需要与危重患者家属沟通的情况。没有太多的技巧，就是每天反复真诚地沟通，有时甚至一天沟通几次。理解患者及家属的需求和痛点，尽最大努力去解决别人的问题，最终才能收获他人的理解或谅解，达到有效沟通的目的。

在临床工作中，春风化雨比较难，而火上浇油有时却来得很容易。一句话、一个动作，甚至一个眼神都可能引起矛盾甚至使其白热化。所以，医务人员在有些时候要注意自己的言行，特别是要控制自己的情绪和脾气，不要冲动地去说话和做事，否则只可能导致火上浇油，使事态扩大化或严重化。

综上所述，我们在和患者沟通的过程中，要多用春风化雨般的方式去处理问题，不要控制不住自己的情绪火上浇油。一个人的情绪管理和脾气控制在与患者的交往中尤为重要，这也是一个医务人员的修养问题。所以路漫漫其修远兮，我们还要上下求索，找到更好的沟通交流之道，解决日常工作中遇到的困难和问题。

（杜宁超　梁世鹏）

第四节　将心比心处理医患关系

医患关系是一个永恒而沉重的话题。

患者方面，一些人求医心切，不懂医学且对医生的依赖性强，对医务人员期望值高，且要求医务人员技术要高超、服务态度要好，医疗费用还不能高，要尊重患者人格尊严；认为患者是付费就医，是上帝，治不好就闹，闹就能赔，小闹小赔，大闹大赔，不闹不赔。

一些医务人员则认为，患者不懂医学，应该听从医生；患者多，医生时间紧，所以无法耐心解析病情，认为有些小病不必解释；医疗费用高不是医院和医生的问题；职业风险高，于是自我保护意识增强，加强自我防范，预防被伤害。

引起医患关系紧张的原因中，有医务人员一方的，如技术原因，包括手术操作不当、误诊、护理不当、设备问题、后勤问题等，还有责任心、敬畏心不足等原因；也有患者一方的，如对医务人员期望过高、隐瞒病情、干涉诊疗等。医疗纠纷往往是人文相关的医疗服务问题，其中最重要的原因就是医患双方沟通不到位。在众多原因中，由纯专业技术原因引起的问题占比不足 20%。

卡耐基说过：一个人的成功，只有 15% 是由于他的专业技术，而 85% 要靠人际关系和他为人处世的能力。同样道理，医务工作者在做好医疗技术的基础上，要花大部分时间做好医患关系沟通工作，依靠团队精神和人际关系、执行医院相关的规章制度等处理这些问题。沟通和共情很重要，比如，医生一句话引起的纠纷："对你父亲的死，我们没有任何责任，拖了这么久也该是这个结果，我们这里也经常死人，治不好的病多了。"而医生也可以通过一句话得到理解："我们很理解你现在的心情，也和你一样希望把患者抢救过来，大家都做了最大的努力。没能把患者挽留下来，我们心里也非常难过，希望你节哀并能理解我们。"同一件事情，不同的沟通方式，会产生完全不同的沟通结果。有时我们医务工作者也应该多学习一些沟通和共情方面的知识和技巧，做到更好地沟通和处理医疗活动中的事务，尽量少起冲突和纠纷。但是，这不代表说要一味地忍让和向患者及家属的所有要求妥协，特别是不合理要求。有时适当地拒绝患者的一些要求，也是沟通的一个重要环节。

为什么同样的问题产生了不同的结果？说话沟通，并不在于你说什么，而在于你怎么说。也不在于你说多少，而在于对方能理解多少。临床实践中，应该学会把不好的情况委婉地说，把原本不容易被人接受的话转达成容易被人接受的，把消极负面的表达尽量转化为积极正面的言语。俗话说，良言一句三冬暖，恶语伤人六月寒。话不是蜜，但说得好比蜜还甜；话不是花，但说得好比花还美；话不是剑，但说得不好比剑还利；话不是毒药，但说得不好比毒药还毒。

医疗服务是面对面提供的，医患交流的质量决定了医疗服务的质量，服务质量主要决定于服务过程。这是医患交流、合作的过程。改善服务质量必须先改善医患交流和医患关系的质量。

患者满意度管理是医院管理的一项内容。患者满意度包括患者基本需求满意度和患者告知沟通满意度。基本需求满意度还包括力所能及的服务质量和医疗技术质量。满意度完全是一种主观感觉，即“就医感受”。医患沟通和医患关系的质量是其决定因素。什么时候患方的满意度最高？患者让渡价值越大，患方就越满意。患方的期望值太高，医方承诺得太多，易使患方失望。而承诺质量太低，又对患方吸引力不大，会使医院缺乏竞争力。所以，我们须了解患者的基本期望，根据他的期望制订质量标准。尽力使质量标准达到或略高于患者的基本期望。及时良好的医患沟通，让患者及时了解病情的发展变化以及治疗时机的风险性，使患方动态地调整他的期望值，是提高患方满意度的最直接的办法。但有时调查患者满意度的时间也很重要，如果调查时（不论什么方式）患者因为各种原因正处于愤怒期，大概率会迁怒于满意度调查，影响患者满意度。当然，一个医院的硬件，包括停车、环境、排队时间等以及软件，如医务人员的态度、医疗技术水平等，都会对患者满意度产生最直接的影响。

有研究显示，医务人员如果怠慢一位患者或者增加了一位不满意的患者，将会影响到七十位潜在的求医者。治好一个患者，可以带来十四个患者。值得我们用心思考！在这里还要再重复强调一下人际交往的重要性。医患沟通本质上也是一种人际交往，而人际交往最重要的是双赢。只有双方获益，才能有长久而牢固的关系。因此，在行医过程中，要注重对患者利益的理解，站在患者的角度多考虑问题，多换位思考，也就是将心比心，方能使多方共利。

（李天煜　杜宁超）

12

第十二章

同事关系

第一节　同事之间的帮助与促进

医生这种职业关乎生命健康。将绝大部分时间奉献给患者之后，你是否已无暇顾及与同事之间的交往？在临床实践中，除了面对形形色色的患者和家属，医生也会遇到许多自己不能解决的问题而需要同事的协助。除了年资、背景不同造成医生个人观念上的差异外，还可能因为日常利益、升迁、考绩、沟通等而形成错综复杂的医生人际关系。应该如何处理好这些人际关系呢？

同事之间互帮互助。

“赠人玫瑰，手有余香”。人与人之间需要互相帮助，这是世人皆知的道理。社会在进步，经济在发展，城市在不断扩张，早出晚归、东奔西跑。蓦然回首，每天和你在一起相处时间最长的人不是你的亲人，也不是你的朋友，而是你的同事。

相处久了，难免因病源、升迁的竞争，利益的冲突等发生磕磕绊绊，此时人们往往只看到了竞争，而忽视了合作。要知道，科室之所以能够生存和发展，主要还是因为医护间共同合作，与之相比，不良竞争只能造成伤害、浪费，对大家都没有什么好处。很多发展较好的科室，都会组织一些集体活动及培训，以增加医师之间的沟通，促进医师之间的团结。只有医师之间更加团结才能够让科室的力量变得更加强大，才能够让一个科室的发展变得更加有保障。当然医护之间的合作和互相帮助也是不可或缺的。

人与人之间其实有着很好相处的关系，如果能够懂得一些为人处世之道，那么这些人在生活当中有着很多朋友，甚至不管是走到哪里，他们一般的行为都是能够受到更多人的认可。对于初出茅庐的小医生来说，要想让自己的人际关系变得更好，那么在刚入科室，就要去找机会和更多的同事接触，甚至在他们陷入困境的时候出手帮助，这样在自己有了困难的时候，也就能得到他人的帮助。

医学生，成长过程较为漫长，在技术上我们要向前辈学习，和同辈多交流，不要固守自己的一点点东西，那样只会失去更多的交流进步的机会。也不要老去给领导打小报告，众口铄金会把一个人给害了，也可能耽误了自己。不要认为自己说的一些话，别人不会知道。天下没有不透风的墙，那样迟早都会害人害己。

一枝花的独放，体现不了春天的生机，只有百花齐放才可体现勃勃生机；一棵小树无法阻挡狂风的侵略，只有成片的森林才能阻挡狂风的脚步；一个人的力量微不足道，只有千万人的力量才可撼天动地。团结、互助，才能体现自己的价值；互利、共赢，才能体现你的强大。正如奥斯特洛夫斯基所言“一滴水只有放进大海里才永远不会干涸，一个人只有当他把自己和集体事业融合在一起的时候才能最有力量”。

（梁靖华）

第二节　同事之间的竞争与成长

参加工作后，和同事之间的关系主要体现在完成临床及相应工作时的协作关系。但是一项工作在协作完成的时候，分工不同，完成得快慢、好坏也不同，就会出现竞争关系。如果你这次工作完成得顺利、漂亮、及时，那么得到的上级医生和领导的反馈也会不一样。工作的完成不仅是科室的事情，有时候也直接关乎你的职业成长。虽在同一个屋檐下，但资源是有限的，上级对你的认可度高，相应的政策倾斜也会不一样，你获得的资源也就会更多。这时候如何处理和同事之间的竞争关系，就显得尤为重要。处理得好，既可以顺利完成自己的职业规划，又可以愉快地和同事一起工作，岂不是一件很愉快的事情。反过来，如果处理得不好，那么工作不开心，领导不满意，会很影响自己的职业生涯，甚至会影响到自己平时的家庭生活。

和同事竞争的前提条件是顾全大局，应该以工作任务的顺利高质量完成为前提，作为医生还应将不损害患者利益时刻放在心里。不要和其他同事讨论竞争对象的缺点，嘲笑别人的所作所为，甚至进行人身攻击。这样在一定程度上可能会损害竞争对手的形象，但是时间长了，必然会损害自己在同事心中的形象。尤其在一些对外活动中，更应该有集体意识、大局观，以科室医院的利益为前提，相互协作完成任务，在不影响任务完成的前提下有序竞争。

和同事竞争，如果是在一件任务不同分工之间的竞争，大多不会很激烈。但是在工作期间，尤其是医生，复杂疾病的诊断治疗、普通疾病的用药习惯可能都会使之产生分歧。由于我们对个别疾病的认识，或者指南的理解或多或少会有分歧，这时候应该把患者的利益放在第一位来思考和解决问题，我们的目的都是一致的，对事不对人，解决患者的疾患为第一要务。只要这个基本原则没有动摇，客观上接受只是时间问题。

和同事竞争也不能陷入另外一个极端，就是万事和为贵。要有底线思维，涉及原则性的东西一定要坚守。这时候，一定要努力争取，改变不了别人，也要坚守自己本心。如果总是忍让，试图去掩盖矛盾，这样只会让矛盾越积越深，总有一天会爆发出来，到那时候再来处理就会很被动。因为每个人成长的过程不同，生长的环境不同，对世界的认知和价值观也存在差异。和同事的日常工作过程中，要在合适的时机，向别人展示自己的价值观及原则，甚至有时候可以适度表现出你的不满和愤怒。这样在遇到激烈的竞争的时候，你的对手也会知道适度收敛。如果你能做到这一点，应该可以处理大多数竞争中遇到的问题。

和同事竞争，还有一点非常重要，就是时刻尊重自己的对手。既然有竞争关系，说明你的对手也非常努力地在工作。尊重别人，就是尊重自己，尊重别人的劳动成果，尊重别人的优点，从内心认识自己的不足。相信竞争对手也会尊重你的努力。在尊重中，共同成长应该是最好的工作关系。

下面我把自己的工作经历讲给大家，希望有所启发。我是中医专业的研究生毕业，为了能够做看起来很酷的大外科手术，选择一所西医院校的中医附属医院，在普外科工作。全科只有我一个研究生，但是全科也只有我一个中医背景的医生。刚开始面对的肯定是不信任，我就努力地学习基础知识，有机会就上手术，短时间外科基本功也就锻炼出来了，和之前的同事站在同一起跑线。慢慢地在一些疾病的治疗方案上就会出现分歧：要不要中医药干预？要不要手术治疗？有时会出现激烈的争吵，但都是对事不对人，不愉快肯定会有，有时甚至会持续一段时间，那就私下聚会的时候，在恰当的时机表明自己的态度，喝杯酒、喝杯茶一笑泯恩仇。我自己一直保持虚心进取的态度，多次到外院进修，后来出现瓶颈的时候，选择考博，让自己能在学科上走得更远。考博也没有一帆风顺，多次考试的过程中，基础知识得到进一步巩固，临床技能也得到质的飞跃。最终考取博士，想在原科室有更进一步的发展，但是这时候我的竞争对手通过其他途径已经走得很远，整个科室的平台对我今后的发展已经不再适合，博士毕业后我就选择了辞职，到更好的平台工作。在整个工作过程中，我赢得了对手的尊重，也使自己成长起来，拥有了更广阔的发展空间。我的经历，希望对读者有一定启发。

（赵向东）

第三节　同事之间的相处

谈起同事间的相处这个话题，有时还真不知道该从何说起。同事关系既是互相帮助又是互相竞争的关系，同时还可能有其他关系。但不论怎么样，在日常工作中和同事处理好关系尤其重要，不说同事关系做到知无不言亲密无间，最起码不要搞到剑拔弩张的程度。同事关系涉及本科室的同事，还有非同科室但同一医院及其他医院同行的同事关系。

首先谈谈同一科室的同事关系。这是我们每天都可能遇到的问题，包括同级、上级和下级的关系。我们接触最多的可能是同级关系。作为同一级别的医务人员，我们应该互相帮助，特别是在换班、值班、处理患者等方面，要互相协调、互相帮助，以患者的利益和安全为先。有些人为了赌气，缺乏必要的沟通，或者交班不认真，忽略一些重要的医疗信息和安全，酿成不好的结果。作为同级，我相信礼尚往来。别人帮助你后，要记得在你能帮助别人时也给予必要的帮助，这样才能长期相处下去。还有同级医务人员，可以互相切磋技艺，互相开导和学习，共同进步。不要去上级那里打小报告，不要经常去做损人利己的事情。因为谁也不傻，世界上也没有不透风的墙。科室同事之间，你说的一些话，很有可能在短时间传遍整个科室，最好做到“静坐常思自己过，闲谈莫论他人非”，所以不要轻易去谈论别人的事情，更不要去以讹传讹。要理性地面对一些言论，不要孤立和长期打击一个人。随着时间的推移，你如果成为上级医生或科室领导，应该在处理内外关系的同时，带领下级人员做好临床本职工作，并进行课题申请、做科研等工作，最好要做到工作和自己职位相符。在为自己的职业发展考虑的同时，也应该为下级医生的发展考虑，该放手要放手，该培养要培养，不要“自己没长成一棵大树，反倒搞得树下寸草不生”。

一个地区的医疗水平，不要指望引进几个专家就能有大的改善。一般老百姓的就医需求，还是要靠当地培养的大量医务人员来满足。不能培养医学生的地方，更应该注重当地年轻医生的培养，给他们足够的发展空间和锻炼。尤其是外科，光靠看是无法成长的，要自己看着让下级去动手做，才能促进其发展。也不要指望压着别人，以达到这种手术就我自己会做，科室其他人都不让做不会做的效果。这不光是格局的问题，也是一个品格问题。大浪淘沙，谁也不会永远在海里弄潮。所以适度、适时地放手，培养年轻下一代医务人员，是每个科室领导的责任也是义务，也应该考虑纳入医院考虑的项目中。否则，这个医院和科室永远没有发展的后劲，永远没有发展的动力。靠饮鸩止渴地引进几个所谓的人才，也许不一定适合当地的环境。橘生淮南则为橘，生淮北则为枳，也是这个道理。

其次再谈谈和本院同事的关系以及同行的关系。本院的同事可能是通过各种活动认识的，例如会诊、学术交流、多学科会诊（MDT）、吃饭等，甚至在电梯里聊天认识。不论通过哪种途径，我们和本院的同事相处时间比较少，除非是原来的同学或师兄弟姐妹等。大多时候我们和院内同事只是临床工作或业务方面的联系，但一定也要记得互相帮助、互相支持。互相的尊重是必需的，互相的理解也是必要的。有些患者做了手术或者因其他问题来咨询医生，医生一句话说得不恰当就可能会引起不必要的矛盾。笔者也经常看到有些患者在下级医院做了手术，因为有一些疑虑，来上级医院咨询。而上级医院的个别医生有一种高高在上的感觉，沟通交流缺乏技巧，导致也许本来没什么问题的事，却因为说得不恰当而给下级医院的医生带来了不必要的麻烦。所以同事之间包括同行之间，一定要互相帮助、互相促进、共同进步，当然这里指的不是互相包庇。

总之，有些时候因为一些利益问题，同事之间可能会产生一些矛盾，每个人都有趋利避害的本性，这也是可以理解的。千万不要掏心掏肺地和同事说太多别人或自己的私事，不要过分地和同事走得太近，那样可能受伤害的只会是你自己。

保持适当的距离（距离产生美）的前提下，公平公正地与同事交往，互相促进互相帮助，一定会有一个良好的同事之间的氛围。

（杜宁超　段艳玲）

第四节　个人感情的处理

医务人员在医疗活动中，绝大多数的时候都是尽心尽责工作，但医生也是人，有时难免把情感带到工作中来。这种情感有好的情感，也有不好的情感。

医患之间可以真诚相见，但实际上也存在一定的距离，也需要保持一定的距离。医务人员每天面对着生与死、病痛与康复，不能出现因情绪和感情问题而影响治疗和操作的情况，特别是手术等。如果有重大的事情影响情绪和心情，必要时可以休假或让别人帮忙替代相应的工作。不要带着情绪上岗，不要在心情不好时做过多的医疗工作，以防止出现更严重的问题。医学科学是在有限时空中发展，医疗诊治不可能是万能的！医务人员更不可能是全能的救世主。所以我们要理性看待病情，要和患者提前做好沟通，充分取得患者和家属的理解，这样也更有利于开展工作，更好地为患者服务。

面对生命的苦难只能保持热忱、冷静、清醒、沉着地进行救治。冷静不等于冷漠，热忱不等于热炽，沉着不等于沉默。如何正确地面对生老病死，如何和患者及家属谈论生老病死，这是对患者及家属的一个考验，也是一种对医生感情和情绪以及沟通能力的考验。沟通则要尊重患方意愿并以签字为据，有时要反复多次的沟通，才能达到让患者及家属理解并接受的程度。一个医务人员的水平和能力是有限的，必要时需要依靠团队和其他方面的力量，如上报科室领导、上报医务科和医院等，寻求其他帮助。有些严重的医疗事件，最好能用冷静的情绪，较少的个人感情去应对。多方面多层次和多位家属沟通，从患者角度出发，真心实意地与患者家属沟通，大多情况下应该会取得患方的理解并使其配合治疗。

需谨记，生病的是人，看病也是要先看人。看病，切莫在精耕专业知识的时候，忘记我们所面对的是活生生的人。切忌看病只考虑知道我的领域，其他一概不管或不闻不问，那样会导致遇到严重问题时没办法收场。有很多例子，如做完骨科手术形成下肢深静脉血栓和肺栓塞等，治疗了肠道疾病却诱发冠状动脉粥样硬化性心脏病等，补液过多引起心力衰竭等。小的问题没有及时解决，可能酿成大祸，最终害人害己。医学路漫漫，道阻且长，要保持良好的情绪和心情，来面对工作中可能遇到的一切问题。

这里我要谈到的还有医学生的个人感情问题。在临床工作中也经常能遇到一些大龄单身医生，可能他们是太忙导致单身，也可能是没有遇到合适的人。从我们个人的经验来看，还是应该在什么年龄段做什么事。不要因为工作原因耽误自己的终身大事。适当的年龄选择一个对的人，过二人世界或生儿育女，虽然辛苦和忙碌，但也有开心和欢乐。人生需要工作，也需要有人陪伴。再辛苦的工作，有了陪伴和家庭的港湾，总会抚慰我们紧张的情绪和疲惫的身心。

总之，作为医务工作者，我们应该有更强大的内心，更好的情绪管理，更好的应对突变的能力。不要以个人的情绪和感情影响周围其他人，甚至患者。以不变应万变，为自己和他人都营造一个愉快和谐的工作环境，自己也能在工作中得到快乐。

个人感情问题，涉及面广，要不断地去实践和锻炼，锻炼自己处理感情问题的能力，锻炼自己处变不惊的心态，锻炼自己把控个人情绪的能力，不断成长和完善自己。

（杜宁超　宋　丽）

参考文献

［1］李佳莲，方磊，张永清，等．麻黄的化学成分和药理活性的研究进展［J］．中国现代中药，2012，14（7）：21–27.

［2］杨鲲鹏，马春会，于玲．麻黄素治疗呃逆 31 例临床观察［J］．中国医师杂志，2002，4（11）：1283–1283.

［3］孙喜庚．盐酸麻黄素治疗顽固性呃逆的临床观察［J］．实用外科杂志，1985,（09）：496.

［4］郭士更．麻黄素治疗呃逆［J］．人民军医，1981,（5）：79.

［5］高哗珩，党力纳．麻黄研究进展［J］．陕西中医学院学报，2003，26（6）：60–61.

［6］邓雅芳，徐强，黄宇虹，等．麻黄细辛附子汤加减治疗缓慢性心律失常有效性和安全性的 Meta 分析［J］．天津中医药，2018，35（6）：430–435.

［7］索利民．麻黄附子细辛汤合四逆散加味治疗阳郁型阳痿临床效果观察［J］．药物与人，2015，28（2）：93–93.

［8］播吉兴．李约瑟论文集［M］．沈阳：辽宁科学技术出版社，1986：215.

［9］徐一慧，夏林亚．对中医发展中存在问题的思考［J］．医学与哲学，2009，30（1）：61–62.

[10] 冯友兰. 中国哲学简史 [M]. 北京：新世界出版社，2004：21.

[11] 常虹，赵青树. 从中西医的优势和差异探索中西医结合的发展方向 [J]. 内蒙古中医药，2003，22（2）：37-38.

[12] Chris W.Feeling overwhelmed by academia？ You are not alone [J].Nature，2018，557（7703）：129-131.

[13] 教育部.2021 年全国教育事业发展统计公报 [R]，2021.

后 记

经过一年多时间的筹备和撰写，本书总算可以和读者见面了。怀胎超过十月，生出来的可能是哪吒！也许有读者会觉得本书有些离经叛道、痴人说梦，对后来者不能起到应有的帮助和指导作用，但是每个章节都饱含着我们作者的真实经历、体会、经验和心得等，绝对没有掺和任何虚假的成分，相信还是值得年轻的医学生和医生一读。读完这本也许你能有一些收获，避免走一些弯路，遇到挫折时知道如何面对。

本书能够成稿交付，要感谢的人很多。首先要感谢深圳市中医肛肠医院（福田）梁靖华院长的大力支持。他在临床和管理工作的百忙之中笔耕不辍，写了很多章节，有很多独到的见解和看法。还要感谢深圳市人民医院的宋丽医生、深圳市中医院廖颖婴主任和赵向东主任的大力支持，他们也写了相关章节，并给予了其他相关的支持。同时也要感谢我们医院的王莹医生、李丹卉护士长，后来加入写作团队写了相关章节，而且文采和内容很不错。还有我们医院的吴丽玲医生、吕浩医生等，吴医生是在怀孕并工作期间写的相关章节；香港中文大学吕浩博士，在我们医院做博士后并参加规范化医师培训此期间写的相关内容；还有南方医科大学博士毕业目前在瑞典卡罗琳斯卡医学院做博士后的李艳鹏师妹，南方医科大学毕业目前在中国药科大学读硕士的李星彦师妹，广东医科大学的李天煜师兄，广东药科大学杨玮老师，我们医院骨科研究所的邓志钦博士等，大家都辛苦了！感谢大家的信任和辛勤的付出。

在编写的过程中，有些作者退出了，有些作者中途加入了，总之，来来去去，大家都把最真实的东西留在了这里。就我本人来说，平时工作也比较繁忙，还有家庭的事务，所以我也非常能理解各位作者的不易，大家都是抽出别人喝咖啡的时间来写作的。大家能写出来真实的东西，能交给我来安排处理，在这里我要一并感谢各位的信任和支持。

在此也非常感谢中国医学科学院肿瘤医院的王锡山教授为本书作序，我们医院杨雷副院长、阳世伟主任的审阅和帮助！

一本书的出版，凝结了太多人的辛苦工作和付出，也承载了编者们的一片真情和心愿！

愿本书能为年轻的医学生、后来者等提供可靠的间接经验和帮助，让他们能从中获取有价值的东西，让他们少走弯路，少掉到行医途中的坑里！这也就完成了我们的心愿，也是本书的价值所在。

感谢每位为此书的出版付出努力的同仁！

杜宁超

2023 年 12 月